新农业创业法

稼げる！新農業ビジネスの始め方

如何用产业思维做农业

[日] 山下弘幸 著

张思瑶 译

人民东方出版传媒
People's Oriental Publishing & Media

东方出版社
The Oriental Press

"世界新农"丛书专家委员会

（按姓氏汉语拼音排序）

出版者的话

在中国共产党第二十次全国代表大会开幕会上，习近平总书记指出要全面推进乡村振兴，坚持农业农村优先发展，巩固拓展脱贫攻坚成果，加快建设农业强国，扎实推动乡村产业、人才、文化、生态、组织振兴，全方位夯实粮食安全根基，牢牢守住十八亿亩耕地红线，确保中国人的饭碗牢牢端在自己手中。

乡村振兴战略的提出，让农业成为有奔头的产业，让农民成为有吸引力的职业，让农村成为安居乐业的美丽家园。近几年，大学生、打工农民、退役军人、工商业企业主等人群回乡创业，成为一种潮流；社会各方面的视角也在向广袤的农村聚焦；脱贫攻坚、乡村振兴，农民的生活和农村的发展成为当下最热门的话题之一。

作为出版人，我们有责任以出版相关图书的方式，为国家战略的实施添砖加瓦，为农村创业者、从业者予以知识支持。从2021年开始，我们与"三农"领域诸多研究者、管理者、创业者、实践者、媒体人等反复沟通，并进行了深入调研，最终决定出版"世界新农"丛书。本套丛书定位于"促进农业产业升级、推广新农人的成功案例和促进新农村建设"等方面，着重在一个"新"字，从新农业、新农村、新农人、新农经、新理念、新生活、新农旅等多个角度，从全球范围内精心挑选各语种优秀"三农"读物。

他山之石，可以攻玉。我们重点关注日本的优秀选题。日本与我国同属东亚，是小农经济占优势的国家，两国在农业、农村发展的自然禀赋、基础条件、文化背景等方面有许多相同之处。同时，日本也是农业现代化高度发达的国家之一，无论在生产技术还是管理水平上，有多项指标位居世界前列；日本农村发展也进行了长时期探索，解决过多方面问题。因此，学习日本农业现代化的经验对于我国现代农业建设和乡村振兴具有重要意义。

同时，我们也关注欧洲、美国等国家和地区的优质选题，德国、法国、荷兰、以色列、美国等国家的农业经验和技术，都很值得介绍给亟须开阔国际视野的国内"三农"读者。

我们也将在广袤的中国农村大地上寻找实践乡村振兴战略的典型案例、人物和经验，将其纳入"世界新农"丛书中，并在世界范围内公开出版发行，让为中国乡村振兴事业作出贡献的人和事"走出去"，让世界更广泛地了解新时代中国的新农人和新农村。我们还将着眼于新农村中的小城镇建设与发展的经验与教训，在"世界新农"丛书的框架下特别划分出一个小分支——小城镇发展系列，出版相关作品。

本套丛书既从宏观层面介绍 21 世纪世界农业新思潮、新理念、新发展，又从微观层面聚焦农业技术的创新、粮食种植的新经验、农业创业的新方法，以及新农人个体的创造性劳动等，包括与农业密切相关的食品科技进步；既从产业层面为读者解读全球粮食与农业的大趋势，勾画出未来农业发展的总体方向和可行路径，又从企业、产品层面介绍国际知名农业企业经营管理制度和机制、农业项目运营经验等，以期增进读者对"三农"的全方位了解。

我们希望这套"世界新农"丛书，不仅对"三农"问题研究者、农业政策制定者和管理者、乡镇基层干部、农村技术支持单位、政府农业管理者等有参考价值，更希望这套丛书能对诸多相关大学的学科建设和人才培养有所启发。

我们由衷地希望这套丛书成为回乡创业者、新型农业经营主体、新农人，以及有志在农村立业的大学生的参考用书。

我们会用心做好这一套书，希望读者们喜欢。也欢迎读者加入，共同参与，一起为实现乡村振兴的美好蓝图努力。

序言　加速中的农业"商业化"

全新的农业，"新农商"处处是营利商机！

首先我想呼吁大家充分认识这一事实。

写这本书的出发点，是想招募那些寻求新生活方式的有识之士加入农业。

我想告诉你们："农业蕴含着巨大潜力和发展机遇。快来加入我们！"让你们体会"没想到今天的农业已经发生了如此巨变，太意外了，以前根本不了解"的情感变化，更想激发你们的动力："如此我也能行！""我也想尝试！"

那么，你怎么看待农业？

至今你还认为农业是个"满身尘土、辛苦劳作的蓝领工人的体力工作吗"？

虽然深感遗憾，但我也深知这是理所应当的。因为以往的农业定位的确如此。

1960年，日本"农村人口"为3441.1万人，"务农人数"为1454.2万人，"农村骨干劳动力人数"为1175万人（引自农林水产省《农林调查》和《农业结构动态调查》）。

农业人口是农民家庭成员总数，务农人数是16岁以上家庭

1

成员中主要从事自营农业者总数，而农村骨干劳动力人数是务农人数中以农业作为主要工作的劳动者总数。

同年，日本总人口为9314.8501万人，约37%的人口依靠农业维持生计，16岁以上人群中13%~16%从事农业工作，或者以农业为主要工作。

可以说，农业就是日本的基干产业。

虽然日后日本产业结构发生了变化，年轻人成群结队地前往大城市就职，但很多人被问及出身时都会回答说："我的爷爷是农民"或"我妻子的娘家也是农户"，向前追溯两三代，则大多为农民。可见，农业是日本人目知眼见的产业。

然而，很多人对农业持否定态度。

也许是从爷爷、太爷爷那里听了很多关于辛苦劳作的牢骚话吧，提起农业，人们首先想到的就是户外劳作的农活，并想当然地认为"农活累死人！"

导致很多人会说"现如今让我选择农业，那是不可能的！"从而对农业敬而远之。

当然，并不是日本人藐视农业。相反，是把农业视为神圣的存在。

例如，自古以来就重视祈福五谷丰登的祭祀和神事。近几年，"agriculture"（农业）成为热词，越来越多的人认识到"从文化继承角度应该重新认识农业，农业是神圣而庄严的"。我想这是值得高兴的。

但是，我们也能看到很多事情给农业发展带来了负面影响。例如过分强调"文化传承""农业是神圣不可侵犯的"，如此一来，就产生很多质疑："说到底农业就是建立在脱离经济社会的世界观上的。"因此，往往那些空谈的理想论会首先占据主流，令人们无法"将农业视为'产业'"。

而最令人担心的是诸多先入为主的认识："工薪族平均年收入是400万日元，而农户年收入仅有150万""农业不赚钱""所以农业无法维持生计"等。

首先我希望大家能摒弃这些误解。

日本的农业正在发生天翻地覆的变化。农业技术发展惊人，转型成为"需要运用智慧的职业"。同时，越来越多的人将农业视为经济，从而走上成功之路。

的确，很多人听闻"农业是个好的就业出路"时会心生疑虑。特别是对城市里的人来说，这简直是"天方夜谭"，那是因为很多人对农业的理解非常有限。

例如，商业、工业、服务业等，跟农业一样后续"业"字，被问及具体意思时可各自做出解释："商业是从右到左驱动物品以赚钱的行业"、"工业是加工原材料，增加商品附加值以赢利的行业"，而"服务业是提供服务而非商品以获利的行业"。

而问起"何为农业"时，很多人的回答则停留在："农业是栽培对人类有益的植物，或是饲养对人类有用的动物。"我想说，能理解"农业是买卖产品的经济"的人还是太少了。

我希望人们能清楚，人们将赚钱的经济活动称为"业"，而"农业也是经济，这跟其他产业完全一致"。

日本农业正迎来巨大变革。

有人开始视农业为经济，被称为"现代农商"的新型经济模式推陈出新，接连不断地出现了年收入高达 1 亿日元的现代农业人。

而且，随之产生了新的人才需求，需要拥有除农业以外技能的人才。

现在很多人在工作中掌握了诸多技能，并利用此技能活跃在各个岗位上，而农业界也同样需要这些技能。

假设一个人精通电脑，他如果足够自信，就会设定目标试图跻身于谷歌这类顶级公司。但谷歌公司里充满着优秀人才，入职谷歌本身就并非易事，而即便设法顺利入职也很难获得一展身手的机会。

那么有些人会放弃顶级企业，而转向中小企业。今天，中小企业的确人手不足。虽然无法入职谷歌这类行业内顶级企业，但是可以在中小企业最大限度发挥个人能力，并且享受到贵宾级的优待："啊，我们终于把您等来了。"

再看一个例子，某位女性想从事新闻报道相关工作，即便她不能在竞争激烈的广播总台担任女播音员，却能在地方台担任首席播音员。

实际上，现今的农业亦是如此。事实证明，在农村商业经济发展的最前线，能够发挥大家技能的机会越来越多，毫无疑问，这种需求将在未来不断增加。

然而遗憾的是，正在从事农业的很多人都没有充分理解这一事实。

依旧在"务农很累、很辛苦、赚不到钱"的偏见中，难以培养继承人，导致随着人口老龄化，农业人口迅速减少。

如前文所说，1960 年日本从事农业的骨干劳动力人数达 1175 万人，但 2017 年减至 150.7 万人，且其中有 100.1 万人年龄在 65 岁以上。而"农业虽然神圣，却是田间工作的体力劳动"、"农业嘛，应该是老爷爷老奶奶做的工作"等陈旧观念依然存在。

然而，在农商中赚取巨额财富的达人也出现了。有人年营业额高达 10 亿日元，有人开上了奔驰和宝马。

他们并没有培育出特别美味的蔬菜，也没有开发出特别优异的农耕方法。实际上，他们只是认识到"农业是商业经济"，将农业理解为商机并抓住机会，从而获得了惊人的利润。

本书将介绍农商经济发展的最新信息，并告诉你如何加入到农商中来。

山下弘幸
农平台株式会社董事长

目　　录

第三章

在农企任职，踏实做好创业准备

第四章

农业创业成就个人事业的中流砥柱

第五章

抓住新机遇

第一章

农业成功的关键词
"经济思维"

农业不仅是种植，也是商业行为

在农商中，成功者和失败者之间的区别仅仅在于他们的认识，是认为"生产就是农业"，还是能认识到"不，生产并销售才是农业"，仅此而已。

在"生产就是农业"这一认识下，是不会把农业当作一种商务经济的。必须明确认识到"生产农产品只是基本前提，必须通过销售农产品开展商务贸易"。

事实上，在现在的日本农业界，可以说没有农民"只通过种植作物"赢得过胜利。现实情况是，单靠种植创造不了利润。更何况很多人曾与农业毫不相干，如果他们信奉"生产就是农业"而盲目投身其中的话，也许连基本生计都无法维持。

而获得成功的人，他们会认真思考如何将传统农业转为商务经济，并果断付诸实践。

可能许多人会想："话虽如此，但最起码需要了解种植技术。"

"以前我连播种都没干过，也从未开过拖拉机。我怎么可能在农商中成功呢？"

但是，这种想法是错误的。

当然，了解作物的栽培方法固然重要，但更重要的是，"是否通晓商务经济"。甚至可以说，日本的农业正在发生天翻地覆的变化，只要有经济头脑，即便没有任何农业经验的人，也有机会抓住成功。

突破传统农业束缚

在"序言"部分我曾提到过，有的现代农业人年收入高达 1 亿日元。那么，在农商中能获得成功的人到底是什么样的人呢？下面我们选择一些成功者中的佼佼者，看看具体实例吧。

▶ 生菜和卷心菜年销售额高达 10 亿日元的北部农园

熊本县玉名市有一家名为"北部农园有限公司"的企业。该公司年营业额高达 10 亿日元。

北部农园创始人是上田教二先生（代表董事）。他曾就职于农具制造厂和汽车维修、肥料公司等，1982 年独立创业，设立了"北部肥料"公司。

然而，在生产肥料销售给农户的过程中，他发觉这种方法是行不通的。因为农户做的农业并不赚钱，没人有购买肥料的想法和资金。那么，自己的肥料是根本卖不出去的。

另外，他在与农户们的交谈中多次想过"如果能做得更好一点就好了。"因此，上田先生形成了一种认知："必须创造一个机制，帮助更多的农民提高利润。"

上田先生的高明之处在于，他下定决心："那么，我们自己来搞农商，我们自己来创造一个机制让农民赢利。"然后，他积极着手实施。

1989 年，上田先生在熊本市改寄町（现在的熊本市北部）开始了蔬菜种植。然而，由于以往并无务农经验，他反复地出错、纠错，反而获得了喜人的结果。

日本的传统农业是在地方自治团体、农业协同组合（农协）的指导下进行的。种植某种作物时，这些组织会给予农民统一指导，规范何时播种、何时施肥、何时收割。

但是对于没有农业经验的上田先生来说，因为没有指导者，所以只要他自己觉得"这样做肯定行"，就能开始生菜和卷心菜的种植农业。

起初，周围的农户都说他"做的事情好奇怪呀"。

上田教二夫妇（《熊本日日新闻》，2010 年 2 月 4 日）

例如，通常农户们在建立塑料大棚时，中间会空出 2 米的间距。

但上田先生却认为"这种做法太浪费空间",他决定把塑料大棚之间的间距改为 80 厘米。从专业农户的角度来看,"那家伙什么都不懂"。 但是按照上田先生的做法,面积固定的土地上却能够建设更多的塑料大棚,是非常合理的决定。

另外,塑料大棚上加盖的被布(塑料布),为了不被风吹翻,一般每隔 50 厘米就要用压膜绳固定。这是一项相当辛苦的工作。于是上田先生想:"为什么非要用压膜绳呢? 定位销(固定塑料的零件)就能有效防止塑料布被吹飞。"他果断停用了压膜绳。而且在搭建大棚骨架钢管时,将传统的 50 厘米间隔距离设为 60 厘米,既节省了体力,又节约了 20% 的成本。

上田先生的目标是"按需生产"(合同栽培)。一般来说,农户生产的农作物会通过农协运往果蔬市场。但是上田先生从一开始就没有销售到果蔬市场,而是独自开拓了流通路径,与蔬菜加工公司、商社和大型物流公司等建立合作关系,直接销售。

1999 年他创立了今天的"北部农园"公司,将生产地移至熊本县玉名市的横岛耕地和天草地区,继续开拓生菜和卷心菜的商业经济。公司使用的农地既有自有地,也有租用地,现在耕作面积已接近 70 公顷,一半面积是塑料大棚栽培。

塑料大棚栽培不受气候影响,一年可以收割 3~4 次,保证了栽培的稳定性和效率。另外,为了防止连作障碍①,北部农园使用的是自创肥料,有效提高了生产力,降低了成本,实现了双赢。如今,北部农园一家公司的生菜出货量相当于熊本县其

---

① 指连续在同一土壤上栽培同种作物或近缘作物引起的作物生长发育异常。 ——译者注

余农户的出货量之和。

简而言之，专业农户们往往遵从惯例，抛不开既有概念的束缚。而刚入行农业的上田先生，能进行合理化思考，并加以推行实施，反而取得了良好的效果。

▶ 因种植幼叶菜急速成长的 HATAKE COMPANY

HATAKE COMPANY 这家公司位于茨城县筑波市，董事长兼社长的木村诚先生毕业于早稻田大学理工学部工业经营专业。

木村先生大学毕业后，就职于一家从天然岩石中提取矿物原料用于开发、制造化妆品和农业活性剂的公司。 他在将公司开发的农业用矿质液售卖给农户时，发现了"农商经济的潜力"。他虽然对农业中存在的诸多问题和蔬菜种植的难度有一定了解，但同时也发现，农业充满了乐趣和发展前景。

其后，在 1998 年 4 月木村先生下定决心将梦想付诸实施。他辞去工作，经过 5 个月的准备，跟妻子一起创立了"木村农园"。

可想而知，创业之初什么都不懂，一定是困难重重。但由于某次机会，一位同行向他伸出了橄榄枝："能不能帮我种植幼叶菜？"幼叶菜是指蔬菜发出的新叶（嫩叶），时下被广泛用作沙拉食材，但当时还未作为商品广泛流通，几乎没有农户种植。

普通农户对于种植这类嫩叶菜往往心怀疑虑："这种菜能有人买吗？"然而木村先生并非农民出身，对此没有成见。他欣然接受，开始自学研究种植幼叶菜。

在他把精心种植出来的幼叶菜供货给对方时，果然得到了满意的答复："以后就拜托你了""再多种植一些"。随着好评的不断增加，更多商家表示想建立合作关系："我家的货品也拜托给你了。"

HATAKE COMPANY 的木村诚社长

接着，木村先生又在 2007 年创立了"农业生产法人 TKF 株式会社"。订单接踵而至，公司也开始大量投入生产，不得不扩大农业用地，生产工厂从筑波扩大到大分县臼杵市和岩手县泷泽市（两地均在 2015 年开设）。

生产品目

幼叶菜

幼叶菜是蔬菜的新叶（嫩叶），一般被直接用于蔬菜沙拉。在HATAKE COMPANY，10余种颜色、形状各异的蔬菜，大约长到10厘米时就会被收割，从田里摘下来直接配送给客户。HATAKE COMPANY的幼叶菜无须切割菜叶，能保留90%以上的矿物质、维生素，且新叶的营养价值很高。

混合生菜

在HATAKE COMPANY，混合生菜成为蔬菜沙拉的经典搭配。皱叶生菜、长叶生菜、橡叶生菜、罗马生菜……各式各样的生菜在田里收割、清洗后直接装盘，切丝做成沙拉的基础底菜。既可以作为包肉生菜，也能用于火锅等多种菜品。

香菜

香味浓厚，经常用于泰国菜、越南菜。生叶中包含丰富的维生素C，β 胡萝卜素，维生素B₁、维生素B₂、维生素E等营养成分，还有助于排出体内堆积的毒素。

芝麻菜

具有芝麻香味和少许辣味、苦味，随着生长苦味会加重。富含丰富的钙、铁、维生素C，主要作为沙拉用以生食，也经常被用作牛排的配菜。

小萝卜

盛夏以外的季节都可以栽培，具有形美色艳的优点。需要留意栽培中的水质管理，否则会影响其形状。切薄片后呈现圆形，可为沙拉增色。

迷你盘菜

虽然叫迷你盘菜，但是长大后就是普通的盘菜。生长初期即能呈现又圆又大的体态，汁多味美。可以用于沙拉、味噌汤、汤羹、空心粉等多种菜肴。

迷你萝卜

根部、外皮、顶叶都富含丰富的营养元素，并且每个部分都能食用。顶叶生长繁茂、色泽优美。根部色白肉质细腻，饱满感度和光泽感都是新鲜的代名词。

迷你胡萝卜

属于细长棒状蔬菜，因为是有机栽培，所以甜度极好。新发的嫩菜没有普通胡萝卜的苦味，不喜欢吃胡萝卜的幼儿也能食用。还有紫色、黄色、圆形等多类型品种。

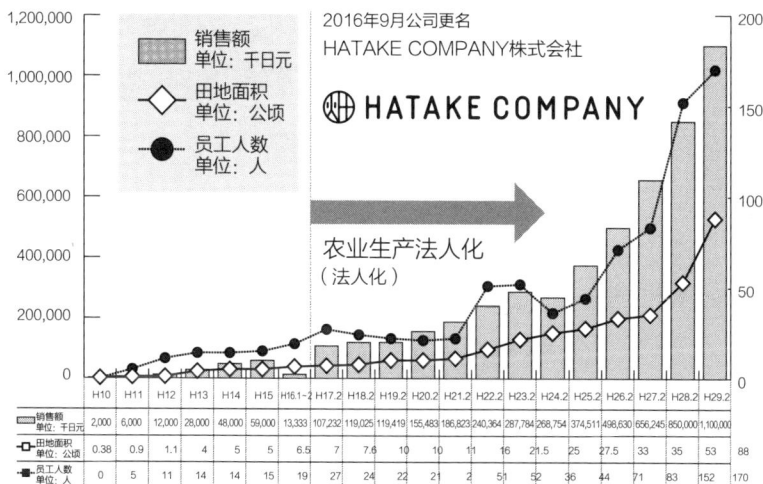

	H10	H11	H12	H13	H14	H15	H16.1-H17.2	H18.2	H19.2	H20.2	H21.2	H22.2	H23.2	H24.2	H25.2	H26.2	H27.2	H28.2	H29.2	
销售额 单位：千日元	2,000	6,000	12,000	28,000	48,000	59,000	13,333	107,232	119,025	119,419	155,483	186,823	240,364	287,784	268,754	374,511	496,630	656,245	850,000	1,100,000
田地面积 单位：公顷	0.38	0.9	1.1	4	5	6.5	7	7.6	10	10	11	16	21.5	25	27.5	33	35	53	88	
员工人数 单位：人	0	5	11	14	14	15	19	27	24	22	21	2	51	52	36	44	71	83	152	170

HATAKE COMPANY 的农业生产业务变化

2016 年，公司更名为"HATAKE COMPANY 株式会社"，并且沿用至今。公司年营业额达到 2014 年的 5 亿日元，2015 年的 6.5 亿日元，2016 年的 8.5 亿日元，2017 年的 11 亿日元，一直呈上升态势。

木村先生的成功也与前述的上田先生一样，他们都没有被传统农业的做法束缚住手脚，从而逐渐走向了成功。

如同在酒馆里顾客说"来杯啤酒"店家就要提供啤酒，顾客下单"上一份炖菜"，店家自然会端上一份热腾腾的炖菜，酒馆会对各种订单积极回应："好的，乐意为您效劳！"而他们的农业公司也是如此，尽心尽力地为顾客供应商品，结果不知不觉中销售额已突破 10 亿日元。

这就是将"提供服务理应获得等价报酬"这一常规经济活动的道理运用在农业中所呈现出的结果。

现在，HATAKE COMPANY 的员工人数已经超过 170 人，成了一家颇具规模的公司。其迅速成长的背后，"丰田式的改进活动"起到了很大作用。丰田汽车前名誉会长张富士夫曾前来视察过这所农园。

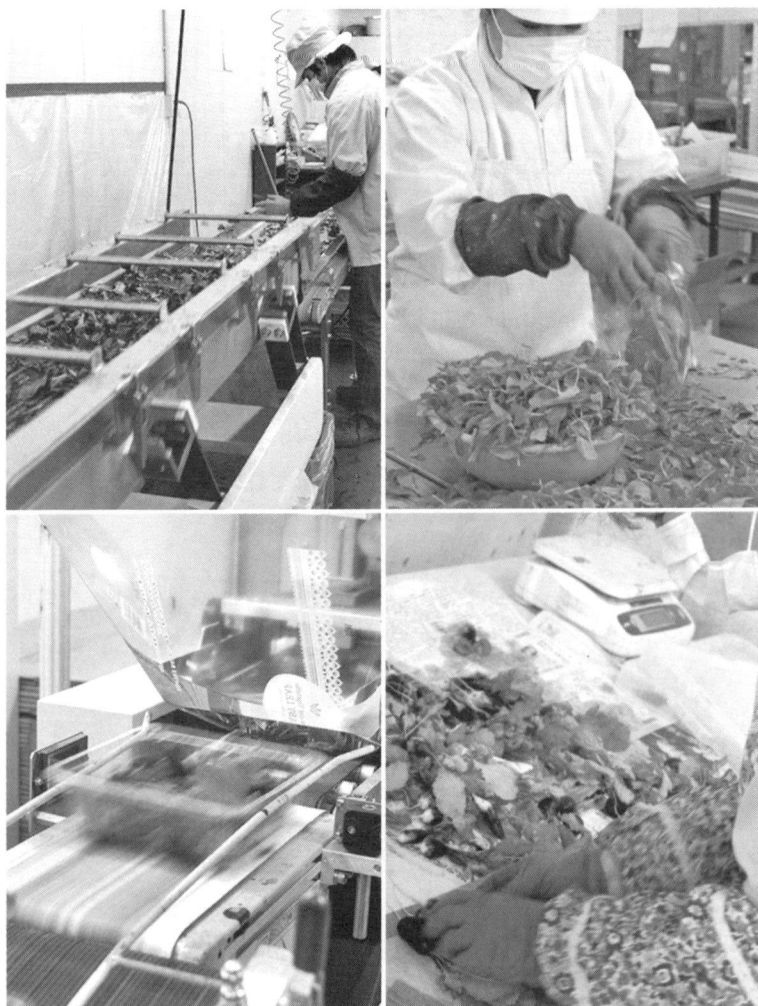

HATAKE COMPANY 的出货工序

可以说，这是一家示范企业。它将传统的家庭自耕转变为一个拥有了制造业生产线和大规模生产的产业。

▶ 从物流业转型为农业的 MURAOKA

在福冈县福冈市有一家"MURAOKA 有限公司"。它不仅经营农场，而且批发、零售全国各地有机农场生产的农作物。

社长村冈迪男先生以前从事食品的流通运输工作。每当接到客户订单，如"有机南瓜 100 箱"，为了满足客户需求，他都要多次去农户处采购。

然而，有机蔬菜越来越受到人们的青睐，供不应求的情况逐渐增多。例如订单虽是 100 箱，但只能供应 50 箱，商贸经济无以为继。

因此，他萌生了把九州的有机蔬菜栽培农户联合起来的想法。

于是，村冈先生在 1996 年 5 月创立了公司，并于第二年正式开始销售有机蔬菜。

2013 年 10 月，他在大分县宇佐市安心院町成立了"农地保有合理化法人安心院有机农场股份有限公司"（塑料温室：约 1.7 公顷，露天用地：约 6.7 公顷），全年出货量约 100 吨，主要供应幼叶菜、香菜和香草等不易保存的绿叶蔬菜。

公司于 2014 年 4 月获得了农业从业者资格认定，目前在大分县的臼杵市开设了"臼杵农场"（塑料温室：约 0.3 公顷，露天用地：约 2 公顷）。创业仅 5 年时间，公司的年营业额就突破了 1 亿日元并且继续保持着增长。

全年供应的 100 万吨易腐蔬菜

福冈市的 **MURAOKA** 总部，将安心院有机农场、臼杵农场和九州各地合作农户生产的有机蔬菜收集和包装后，配送给客户和经销商。

换句话说，村冈先生不是依靠农业种植维生的商业模式，而是致力于思考"如何进一步发展自己创办的蔬菜运输流通业务"，从而获得了如今的成绩。

从这个意义上说，也许村冈先生从一开始就没有种植农业的想法，而是作为分销商综合开展商贸业务时，涉足了农业领域。

安心院有机农场的员工

▶ 从生产和纸转为制茶的中村园

福冈县八女市的"中村园株式会社"也是一家有趣的公司。

该公司前身是在 1872 年成立的日本和纸制造公司"中村制造所"。继任该公司社长的中村健一于 2011 年 10 月为了生产、加工和销售茶叶而成立了"中村园"。在日本著名的茶叶产地——八女地区,中村园属于后起新秀。

中村园理念是"Lead the Change"(领先变革)。公司勇于率先尝试新事物,如更新产品、重组结构和人力资源。正因为是后起新秀,才能打破常规。

中村先生原本是政府官员。虽然知道迟早要继承家业,但他为了学习日本政府和经济的运行机制等,提前做好了 10 年期的自我规划，入职了日本经济产业省工作。而后，他回到家乡八女市，想创办一家风险投资公司，候选项目是当时势头正旺的风险信息产业和农业。他意识到"农业还有很长的路要走，未来地方产业的核心必然是高附加值农业产业"，因此开始思考策划建立一个前所未有的农业组织。

经济结构最终关联第一产业。第二产业和第三产业都是在第一产业的基础上建立起来的。换言之，第一产业永远不会消失。

农业确实存在着许多行业特有的问题：生产人口老龄化和劳动力人口减少、小批量多品种生产的分销功能不完善、产品导向型生产、资金周转率低等。这些因素都导致农业应对新变化的能力偏弱。因此，农业正不断衰退。

中村健一社长（左）和室园农业技师（右）

　　另外，在考虑经济结构时，第一产业是所有国家（包括日本）的必要支柱产业。正如前文所述，第二产业和第三产业的基础是第一产业。

　　中村先生曾在各地提出，现代化农业有市场需求，应该采取必要措施，但各个组织并没有采取行动的迹象。因此，他决定自己创办公司，抢先尝试这项新事业，以此来改变整个行业。

　　中村先生并没有将农业视为特殊产业，而是一直当作一般产业和经济，认为这是一个谁都能参与的"普通产业"。他正在为此贡献自己的力量。

　　例如，为了确保农业可持续发展，需要接收非农经验者和外国技术实习生。为此，中村园作为福冈的茶叶生产商代表首次加入了"GLOBALG.A.P."（全球良好农业规范）认证。

中村园呈现的新型农业形态，全球 GAP 认证的茶园

GLOBALG.A.P.（全球良好农业规范）由非营利组织 Food PLUS 运营，总部设在德国，是审查农业、畜牧业和水产品的综合良好农业规范（Good Agricultural Practice）的世界标准。还能为"实践良好农业"提供指导，非常适合培养农业新手。现在，中村园已开始采取各种举措，例如邀请想要尝试新挑战的个体农户作为公司职员参与规划，以及与有着相同理念的附近农户进行合作等。

此外，积极促进原创品牌"春之木"的商业化，将煎茶等日本茶和香草混合，销给高档餐厅、百货公司、大型食品制造商等，甚至拓展国外市场，力图创造新型农业范式。

原创品牌"春之木"

上述介绍的四家公司都与我有过交往。另外，我还想再介绍一些来自各行各业的投身农业的能人，以及他们正从事的有趣工作。

▶ 利用月相盈亏种植多品种果树的西田果树园

在熊本县玉名郡经营"西田果树园"的西田淳一，原是一位就职于富士通公司的白领。

西田先生转行做果农后，探索出了一套非常独特的种植方法。

尽管本身就是农民的儿子，但与农业相比他更专注于体育，曾经是商业团体的田径运动员。2000 年出于家庭原因，他开始务农。开始涉足农业之时，他成立了父业农园之外的另一家新公司，名为"西田果树园"，独自挑战多品种果树种植。

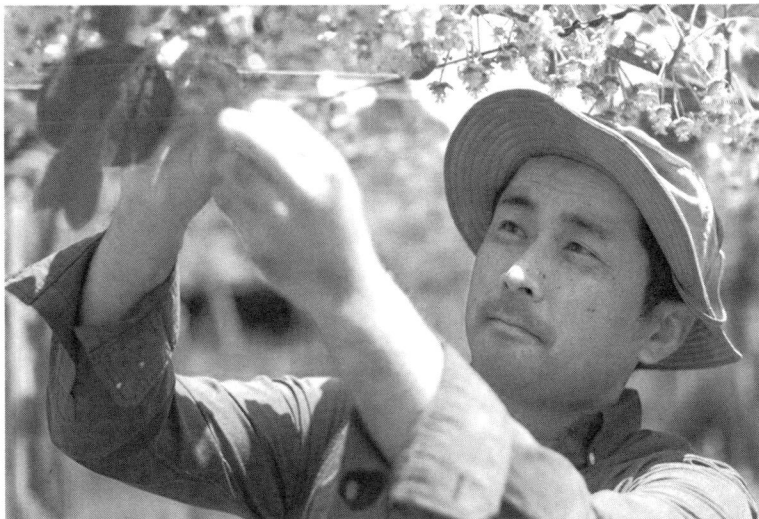

用"读月栽培"瞄准世界市场的西田淳一

其独特的栽培方法称为"读月栽培"。

这种栽培方法是将园内割草、选枝、收获果实等农事全部依据月相盈亏妥善安排，把植物生态和月历周期相结合，最大化激活果实的活力。

此外，西田先生还主张充分利用果园的原生态环境，既不带出果园原有物（如落叶或杂草），也不带入外部物品（肥料或农药），仅靠园区内的环境种植水果。他始终从水果食用者的角度出发，细心培育水果。

西田先生的独到之处除了种植方法，还另有其他。

那就是"直销"，将水果种植中的点滴故事直接传达给消费者。

在海外也备受欢迎的"果乐"品牌商品

他会通过社交网站即时发送种植者的想法及水果种植状况、生长状况等信息；邀请消费者实地参观，感受果园的气氛；让消费者通过动手采摘果实，接触大自然，实际体验农业种植的辛劳，从而实现与客户之间达到互动和沟通的农业新模式。

另外，2005 年公司推出了独创品牌"果乐"（KARAKU），全面实行产品策划、销售和海外出口业务等。目前，西田果园种植了约 30 种季节性水果，并且与中国香港、新加坡、马来西亚、中国台湾和欧盟等国家和地区开展了业务合作。西田先生不愧是一位精明强干的果树栽培者。

▶ 从餐饮业向黑蒜王的华丽转身——松山香草农园

在青森县青森市，"株式会社松山香草农园"每年生产和销售 150 吨黑大蒜。社长松山法明先生一手操办着从生产到加工销售的整个过程，实现了一体化管理。

松山先生自 2013 年 3 月开始涉足农业。在此之前，他在仙台、青森和东京等地，经营了多达 27 家店铺。从日本料理、西餐、意大利菜、烤肉店等餐饮店面，到酒吧、美容院等服务店面，经营范围广，相当能干。然而，长期的操劳累坏了身体，因此他关闭了所有店铺，转而开始投身农业。

最初，他除了生产和销售青森特产的大蒜和香草、各种蔬菜之外，主要加工和销售黑蒜、香草及相关产品，同时经营农家餐厅。但自从 2014 年有一次在百货公司的果品销售区展销了黑蒜并得到高度评价后，他就开始大力发展黑蒜生产。

然而，由于自己的农场大蒜产量有限，多次出现了供不应

积极参加各种促销会宣传"黑蒜"

求的情况。因此，松山先生构建起一套体系，允许其他的合作生产者供应大蒜。他创立了一家新公司，增加保管仓库，增添发酵设备，力图通过制造和销售黑蒜来提高原料的附加值。

新公司就是于 2017 年成立的黑蒜生产加工销售"株式会社 AGC"。

该公司还利用了由东北四家地方银行（庄内银行、东北银行、北都银行、陆奥银行）、瑞穗金融集团旗下两家公司，以及农林渔业增长产业化支持组织（A–FIVE）共同设立的"支援东北未来基金"。公司收获了许多积极评价，如接收新农业者，振兴农业，支援地方经济，为创立日本大蒜产量第一的青森品牌做出积极贡献等。这些都有助于获得基金的资助。

　　松山先生一直从事多元化经营，他还专注于营养品的开发和出口。他将自己在其他行业中培养的商业意识充分地运用在农业中，成为备受瞩目的农业领军人物。

黑蒜王——松山法明的工作现场

日本农业的改革

正如前文所述，现在活跃在农业界并取得成功的那些人，原本并不都是农民。

他们开始涉足农业顶多有 20 年。我希望阅读这本书的诸位能意识到这一点。

这也说明了一个道理：从新的视角看农业，机会便源源不断！

然而，我不想再重复"农业发展前景广阔"了。

因为，政府在"安倍经济学"的增长战略中，将"农业""医疗""福利"和"能源"列为"增长型产业"，而我认为的农业未来可期，与普通理念中的增长型产业不同。

回顾过去的经济历史，所谓增长型产业基本上是指今后的需求也会迅速增长的产业。

支撑战后日本经济的是第二产业，如家电制造商，它们因生产"三大神器"（电视、洗衣机和电冰箱）而急速成长，日本的汽车制造商在私家车时代到来之时也跃居世界前列。此外，运输、通信、商业、金融、服务业、信息通信产业等第三、第四产业也随之取得了长足发展。今后，随着高新技术的发展，将陆续诞生新的增长型产业。

然而，农业与上述产业稍有不同。

首先，供大家食用的农产品与以往相比没有变化，每个人都得吃饭才能生存。而且，日本进入了人口缩减时代，并不会再出现以往的"急速增长"。

当然，国内市场规模将逐渐缩小。

然而，今后占据农业市场的人员构成将很快发生巨变。今天，日本国内农作物份额的 98% 仍由从事传统农业的农民占据，但现代农业工作者的占比会迅速增加，这一点是毋庸置疑的。

带来这个变化的原因是，修订后的《农地法》放宽了诸多限制。

第二次世界大战后，日本农业在 GHQ（驻日盟军总司令部）的指导下，于 1947 年开始进行"农地改革"（农地所有权制度改革）。

如此一来，许多大地主控制的农田被政府低价收购后，以几乎免费的价格出让给了实际耕种农田的人，从而诞生了许多自耕农。

其后，日本又在 1952 年 7 月颁布了《农地法》。

这是一部规范农地转用、买卖和租赁的法律，也是保护农民的法律，是"农民的、农民有主导权的、为了农民的"这一理念实施的产物。

1948 年农业协同组合（农协）成立，吸收了大量的自耕农，在"相互扶助"的旗帜下团结一致。

这对农民来说也有一定的好处。因为他们做的工作代代相传、一成不变，种植的作物、种植的时间，以及农作物的流通销售等，都听从农协"君上"的指挥即可。

让我再解释一下这意味着什么。

明治维新时实行的废藩置县，使日本开始走向现代化。但只有农业不同，一直维持着幕府末期的状态。

首先，自古以来，日本农业就被认为是神圣的。如何振兴农业和统治农民，一直是摆在统治者面前的难题。例如，在江户时期，贡米就是各个藩地的基本经济来源。

因此，各藩都致力于振兴农业发展。例如，小田原藩的武士二宫尊德制订的农村建设规划（被称为"报德仕法"），就是其中一个例子。

其次，农民也在村里建立了合作制度。例如，地方农村依旧存在着"结"的习俗。这是一个互助组织，农民共同种田、收割，或建造房屋。

此外，在江户时代有一位名叫大藏永常的农学家主张"只有让人民受益，才有利于为政者"，并且指导了经济作物的种植和加工。而农政学家大原幽学则在下总国香取郡的长部村（现在的旭市长部），建立了世界首个名为"先祖股份组合"的农业协同组合。

对于日本来说，农业正是作为国家基础的重要产业。

这一点在明治维新后也没有改变。

农业世界依旧保持着江户时代以来的旧态，大原幽学创立的"先祖股份组合"的理念和做法，由 1900 年成立的产业协会和帝国农业协会（1910 年）、太平洋战争期间成立的"农业协会"（1943 年），以及战后 GHQ（驻日盟军总司令部）为"农地改革"而创立的"农业协同组合（农协）"（1948 年）所继承。

而且，农户们纷纷被纳入农协的指导之下，仅听从自己所属的农协指令推进农事。即便是田地位置相邻的农户，如果加入的农协不同，则毫无往来、互不合作，当然也没有信息交换。

结果就是，日本农业一直保持着幕府末期的状态，延续至今。

然而，变革最终来临了。

2009 年 6 月，《农地法》进行了修订。这是自 1952 年这项法律被制定出来后时隔 57 年才终于迎来的首次修订。

《农地法》修订后，本着有效且合理利用农地的原则，个人可以自由地获得耕地，加入农业；农业法人若满足一定条件，可以赚取农田租赁收入。

不仅如此，在租赁时如果满足条件，股份公司和农协法人都可以"农业生产法人"的身份在国内不限地域地从事农业相关工作。

此外，在 2015 年 9 月的《农地法》修订版中，"农业生产法人"更名为"农地保有合理化法人"，大幅放宽了准入条件，允许"农地保有合理化法人"直接获取耕地。

换句话说，耕地不再只属于农民。耕地可以出租，也可以出售了。非农民出身的个人和公司都能从事农业工作。

于是，那些想做现代农业的人，纷纷加入农业。

他们不关心农协的划分，也不关心土地位置，可以不受地理位置的限制自由地开展业务。

例如，出身于熊本县的人，可以在长野县建立农场，在北海道跟进业务。我们之前介绍的"HATAKE COMPANY"的木村先生以及"北部农园"的上田先生，都是跨省经营农场的例子。农业已经不存在地域限制了。有些人甚至跨国在越南经营着农场。

虽然"我们村的、我们的农协"在人们的对话中出现的频率还是很高，但时代的巨变即将发生。

总之，《农地法》修订带来的政策改革使日本农业开始发生了很大变化。这对于日本农业来说，就如同一艘打开日本国门的"黑船"，正试图开拓一片未知的新天地。

从江户时代之前一直延续至今的日本农业已到了不得不变的时候。

幕府末期，旧德川幕府没能彻底实施变革，因而接受了外国新鲜事物的萨摩和长州等地的新锐精英们只得重新建立一个新政府。

如今，日本农业界正发生着同样的事情。

因此我才说："现在，日本的农业正迎来幕末农改时代。"

幕末农改时代从各个方面迎来"黑船"

布局——抓住现代农业风口

在日本农业中，约 200 万户农民独占着 100 个市场份额。但是随着管制的放宽，农民以外的人也能从事农业生产了。

以前说到手机，日本只有 DOKOMO，现在不仅有了 KDDI、SoftBook，还有乐天。新的手机运营商令市场百家争鸣，农业界也逐渐形成了接收新生力量加入的舞台。

当然，会出现市场份额的争夺战。无论是价格竞争还是质量竞争，都属于自由竞争的范畴。

于是，很多人可能会这样想：

"虽然农业很有意思，但我是个新手，怎么可能从'专业农民那里抢来市场'呢，太难了！"

但事实上，目前现有的 200 万户农民中，许多人并没有积极地试图扩大市场份额。相反，他们对未来感到悲观，甚至在考虑退出农业。所以，现在正是个千载难逢的好时机。

也就是说，在目前的农业界里，想要扼杀现代农业的力量并不强。只要有想法有干劲，可参与的农业领域将越来越广。

这一趋势必将不断加速。目前，原有农户所占的市场份额为 98%，而新型农户仅占 2%。但是，今后新型农户的市场份额很可能会不断扩大。

基于这种现状，我认为："现在，农业才是具有广阔前景的产业。这个市场未来可期，值得一试！"

另外，自从"安倍经济学"在增长战略中将农业列为增长型产业之后，人们越来越多地谈论起了"未来农业"这个话题。

但现阶段，还没有对"未来农业"的明确定义。

到目前为止，我一直在强调，日本的农业正在从"幕末农业"转向现代农业。回顾历史，"幕府末期"之后就是"明治维新"。将社会阶级划分为"士、农、工、商"的封建制度消失，"四民平等"得以实现，日本开始走向现代化。其后发生了"大正民主运动"，又经历"昭和时期的经济高速增长"，而后转向"平成时期的经济饱和和低速增长"。

在农业界，这种历史演变虽然慢了一步，但终究还是到来了。

而农业周围的环境也在发生着天翻地覆的变化。也许后人会把这一段历史称为"农业界的平成维新"吧。

政府也支持"进攻式农业"

2006 年 6 月,"安倍经济学"第三弹"增长战略"的重头戏就是推出了"农业部门监管改革"。

此事最初起源于 2006 年,新加坡、文莱、智利和新西兰四国签署了经济伙伴关系协定,迫使各国在推进 TPP（跨太平洋战略经济伙伴协定）时,对农产品实行关税自由化。

后来,唐纳德·特朗普成为美国总统宣布退出 TPP,但日本与除了美国之外的加拿大、墨西哥、智利、秘鲁、越南、马来西亚、新加坡、文莱、澳大利亚和新西兰达成一致,继续推进"TPP11"。

日本认为,只有这样做才能在国际社会中成长。政府坚决表示:"我们要使受各种限制保护的农业成为强大的农业,成为进攻的农业。"

这种农业政策的重大转变,对于日本农业界来说,等同于"幕府末期的富国强军"。

当然,在农业界也有人是"尊王攘夷派"。 他们抵制变化,认为"无条件地接收国外农作物是荒谬的。所有外来物都该烧掉"。与此同时,一些"开国派"却说:"等一下,今后如果国外农作物必然打进国内市场的话,我们就需要学习外国的做法,并思考如何与之合作生存。"

走向开放是大势所趋，考虑到日本农业的未来，我认为我们应努力强化农业体制，瞄准全球市场，因为"大变革时期必然隐藏着千载难逢的商机"。

而且，在这个"大变革时期"，农业界必将加速出现各种创新。如同明治维新以后，随着煤油灯的出现电车很快就开始了运行一样，IoT（物联网）和ICT（信息和通信技术）也将会快速被引入。

从这个意义上说，我确信在明治维新150周年之际，日本农业将迎来转折点。

那么，农协是否会消失呢？ 我想是不会的。明治维新之后，到真正开始走上现代国家的道路，日本经历了50年的混乱时期。

在此之前一直统领着日本农业、具有绝对权威的农协并不会马上消失。

即，以农协为中心的农业和独立于农协的农业将会并存，这两种模式将相互切磋、并行竞争。农协在发挥指导作用的同时，必须面向新时代做出改变。无论是哪种模式，只要能坦然地沿着自己的方向不断前进就好。

那么，日本农业到底会如何变化呢？

分销结构将发生巨变

首先，从生产者到消费者的流通路径发生了变化。优衣库运用 SPA（Specialty store retailer of Private label Apparel）模式，即"垂直整合从商品策划、制造到零售"的销售形式，使服装业的供应模式发生了巨变。农业界的流通机制，也正以上文所述的"平成维新"为起点发生着巨变。

一些大型超市已经建立了一套委托农民生产并直接采购的流通渠道。与农民合作，力求建立更大供应链的行为也越发活跃。

此外，有的大型超市已开始着手建立自己的农场。

然而，超市以往只负责流通供应，要从头开始自营农田，种植作物是很难实现的。因此，无论如何他们都需要与农业专业人士合作。

但现实情况是，尽管超市多次向农户发出合作邀请，仍然很难建立起良好的合作关系。

因为，一旦成为超市的合作伙伴，农民除了生产外还要自己处理以前由农协负担的很多工作，如单据、账簿、数据、物流和定价等。做不好这些，就无法与超市建立对等的贸易关系。

大多数农民或是态度左右摇摆，或是介意农协的态度而墨守成规。虽然已经预见到长此以往自己的处境将越来越难，但他们却因为害怕被排挤、被孤立而止步不前。

因此，需要能够连接生产者和销售者的"供应商"。

"供应商"的原意是指在制造业中的零件制造商，汽车行业尤为典型。众所周知，汽车制造商会从许多零件制造商（供应商）处采购各种零件，组装成汽车（成品）后销售。最近，住宅行业也采用了在东南亚等地生产零件，然后进口和组装的做法。如今，已不再是木匠从零开始建筑一整栋楼的时代了。这种变化潮流今后也将在农业界显露。

然而，无论是农业还是流通业，都缺乏拥有这种"供应商"能力的先驱者和组织。这里隐藏着巨大的商机。

从上述案例中可以看出，无论是上田董事长、木村社长、村冈社长还是中村社长，他们都是从"供应商"的角度将农业视为商务经济，并迅速开展事业。其结果就是，他们瞬间抓住了市场，建立起自己的物流体系，取得了成功。

可以说，如今在农商上获得成功的人们就是这个时代的先驱。但故事并没有结束，他们还有更广阔的发展前景。

组织农业的优良模式：
优衣库式农业和丰田式农业

农业的未来模式之一是"优衣库模式"。优衣库（迅销集团旗下）从产品开发，到原材料采购、制造运输和销售，垂直管理的一体化商业模式获得了成功。优衣库曾于 2002 年 9 月成立了名为"株式会社 FR FOODS"的子公司，宣布主要销售"SKIP"品牌的蔬菜等食品。但是，由于销售业绩不佳，该品牌于 2004 年 3 月退出市场。

优衣库失败的主要原因是，作为供应商的农户无法妥善处理生产过剩和生产短缺，库存调整不力。然而，只不过是因为这种模式的出现为时过早罢了。一目了然，我们在第一章中介绍的那些成功者，正是建立了供应链分销农作物，即运用了"优衣库式农业"模式才一举成功的。

在"优衣库式农业"之后，则是"丰田式农业"。请容我解释一下。

假设生产农户与市场方合作建立起了供应链，随之而来的就是多条供应链之间的竞争。每条供应链都会试图区别于其他供应链，打造自身的独特性，即构建"价值链"。

供应链之间竞争的主要前提当然是价格。高价无法抢占市场份额，所以定价不能过高且需要保持稳定销售。为此，必须在各个方面都提高效率，包括采购物流、运营（制造）、运输物流、营销和销售、服务、企业基础设施、人力资源管理、技术开发和采购等。只有通过这种积累，才能实现"价值链"。

现在，作为农业领域的"供应商"，生产农户要按照与市场方合同中约定的定价、规定的时间、固定的供货数量来出货。此外，他们还需要提供农场中种植的农作物的生产记录，或者获得农业版的 ISO（国际标准），即全球 GAP 等第三方认证，以证明自己所供应的农产品安全可靠。这简直是在导入与制造业相同的机制，根据程序手册、操作指南等谁都能按照固定的生产方式生产统一规格的产品。此外，生产数量的多少也要按照对方提前告知的数量来决定。这与丰田的"准时制"生产方式一致，即"在需要的时候，按需要的量，稳定地生产所需的产品"。

另外，要想提高生产农户的利润就必须提高生产效率。例如，如果萝卜的市场价是 100 日元，则生产农户必须以 80 日元以内的价格供货。为了从 80 日元的批发价中获利，只能削减不必要的支出，高效生产。当然，只有将供货量扩大至 1 万根、10 万根、100 万根时才能成为一门生意，因此他们必须不断地进行"改良"和"扩大"。

而且为了扩大产量，必须确保更多的农田，雇用更多的员工。那么，以往农业界的"单枪匹马模式"就必须转变为"组织农业＝丰田式农业"。

遗憾的是，大多数从事农业的人仍然如同一匹孤狼，从未从属于某个组织。因此，他们很难适应丰田式农业。

相反，这种情况下能够成功的，往往是从农业之外的行业跨界而来的新型农户。换句话说，他们是在组织中成长起来的，因此只会建立组织。由于自己无法独立完成农业工作，他们必然会考虑如何运用组织的力量合力完成农业。这就是他们的优势。

例如，确定组织规则，积极推行"可视化"、"5S①活动"或"PDCA 循环"等管理方法。他们对此没有任何抵触，并且会积极地付诸实施。这些都与他们的成功密不可分。

可能有人会想："即便做到以上这些，随着农业整体经济规模的缩小，也很难提高利润。"的确存在这个问题。但正因如此，其中才蕴藏着机会。现在，让我们再回顾一下农业的历史。

行之有效的新型农户的"PDCA 循环"

---

① "5S"是由日语中"整理、整顿、清扫、清洁、素养"五个单词的首字母组成，指改进工作场所的活动。

20 世纪 60 年代，日本农业就业人口约为 1200 万。当时日本人口大约有 1 亿，其中 12% 左右是农民。那时农户的总产值约为 1.9 万亿日元。

而到了半个世纪后的 2010 年，农业就业人口锐减至约 200 万，2018 年则降到了约 182 万。今后这一数字还将继续减少，预计到 2025 年将从 80 万降至 50 万。

另外，从农业总产值来看，20 世纪 60 年代约 1.9 万亿日元，之后随着经济高速增长期的到来增至 8 万亿~9 万亿日元。顶峰是 1984 年的 11.7 万亿日元，而 2018 年已经降到 9.2 万亿日元左右。

农业产值下降的主要原因是大米价格的下跌，同时日本人饮食习惯的变化也使大米销量降低了不少。现在基本上稳定在一定水平。

如果把 2018 年的农业总产值 9 万亿日元除以上述的 182 万农业人口，那么人均产值只有 165 万日元左右。扣除其中的肥料费等，纯收入按照约 30% 来计算，则不足 50 万日元。

我似乎听到这样的声音："这是什么意思？之前一直说农业会赚钱，怎么年均只有 50 万日元的收入？果然农业是不赚钱的行当！"我想再重申一次："在日本农业界，有些人赚得盆满钵满，有些人却穷得叮当响。"

事实上，农户分为两大类。一类是以生产商品为目的的销售型农户（经营耕地面积 30 亩或以上，销售额在 50 万日元以上），一类是种植自用农作物的自给型农户（耕地面积低于 30

亩，或者销售额低于 50 万日元）。2016 年，日本的销售型农户为 126 万户，自给型农户为 90 万户。

我们先来看看销售型农户，他们将农业作为主业（家庭收入的 50% 以上是农业收入，并且每年 65 岁以下家庭成员独立经营农业超过 60 天），一年的总收入为 788 万日元（其中农业收入为 649 万日元）。也就是说，正经把农业当成工作来干的农户收入并不低。

此外，根据"日本农业法人协会"2015 年进行的一项调查，日本农业法人的年平均销售额约为 3.565 亿日元。这说明日本的农业呈现出赚钱和不赚钱的两极分化状态。

然而，赚钱的那部分人一般不会成为关注的焦点。媒体也不会积极地跟踪报道。因为，即便报道也不会引起民众的兴趣。而且，农民自己也不会大肆宣扬"我赚钱了"。这么做对于他们来说并没有益处。

说点题外话，我本人经常和年收入约 1000 万日元的农民交流并鼓动他们："你来做农民的榜样吧。""开着令人羡慕的豪车，穿上名牌衣服，住上大房子，来宣扬一下自己在农商中获得的成功。"

这样，就能引起大家对农业的关注。也许有一天，"农业"将进入孩子们的梦想职业清单。如今，孩子们的梦想职业清单里有"油管博主"，却没有农业，实在令人懊恼！我想，即便进不到前三名，至少进前十也好啊。

第二章

我是农业界的创业者

农民的儿子

1969 年，我作为菜农家的第三代出生在熊本县益城町。由于上面是两个姐姐，身为长子的我理所当然要继承家业。从小我就在父母经常唠叨"不要学习了"的环境中长大。

也许你不相信，我的父母亲一直认为，如果我学习后头脑变聪明了，再考上什么大学，就"不会回来继承家业了"。

就算是现在，我周围仍然存在一种共识，如果家里有两个兄弟，学习好的就去上大学然后就业，学习不好的则要留在家里继承家业。因此，那些有兄弟的农家子弟都在为了改变命运而拼命学习（笑）。虽然这是 30 多年前的事了，但在当时的熊本乡下是很常见的情况。

后来，当我提出"我想上大学"时，理所当然遭到了家里的反对。父母说："一旦你出去见了世面，就会觉得外面的世界很精彩，所以不准去。"为了让我继承家业，父母费尽了心机。后来，我去了熊本县立农业大学，条件是"我去上农业大学，毕业后回来继承家业"。

在农大学习期间我一直认为"日本的农业很奇怪"，也曾抱怨过"职业选择的自由在哪里"，但当时的我无力反抗。毕业后，虽然心存芥蒂，但我还是顺着惰性进入了农业界。

抱着这种心态去干农业工作是不可能顺利的。虽然现在我能大谈农业有前途，但当时我做的简直就是"又累、又脏、又危险"的"3K"农业，完全不赚钱。

幸运的是，我娶了一个成长在工薪家庭环境里的妻子，她的父亲是公务员，母亲是全职主妇。那时我 27 岁。

事实上在此之前，由于农民身份，我曾有过两次求婚被拒的经历。刚开始我还以为被拒绝的理由是对方父母觉得我不中用，但他们却直言是因为"农业需要共同劳作，我不想我家女儿受累"。当年的时代就是如此。

然而，这对当时的我来说无疑是一种耻辱。

"我又不是自己想当农民的！选择工作的自由被剥夺了，选择大学的自由也被剥夺，就连婚姻自由也要被剥夺吗？"我闷闷不乐，没有生活的动力，逐渐丧失了目标。于是，我开始蔑视农业，"左右农业也就这样了"，甚至鄙视起从事农业劳动的父母，对他们说了很多难听的话。

万幸的是，我的妻子以前是个白领，她对于农业没有成见。

婚后，我开始有了一些动力。但是在农业界，要想树立起远大的目标成就一番作为是很难的。

我身边的朋友都是年龄相仿的伙伴。如果想在他们中间脱颖而出，充其量只能在当地消防队或 PTA 中谋个一官半职，再往上就是成为町议会议员或县议会议员……因此，我曾经梦想成为一名政治家，或者成为农协的工会主席等。

正在为这些东奔西忙时，我的孩子降生了。于是，我开始思考："我得干点儿能赚钱的农业。"27 岁时我开始尝试农业经营。然而，很快就失败了，原因是我把经营管理想得太简单。

首先，我低估了农业，简单粗暴地认为"经营有什么难的"！

我在父母身边耳濡目染学习了六年的蔬菜种植，当时主要是将蔬菜运输到农协和当地批发市场，批发价格和销售额完全是走一步看一步。无论多么努力地辛勤劳作，一旦市场行情下跌，就只能降价出售。

这不是付出努力就会有收益的工作，盲目蛮干即使再辛劳也剩不下多少钱。那段时间的我终日不知所措。

我曾对自己生产的农作物充满信心。我废寝忘食整日待在农场里，一心一意地努力想培育出"更健康、更美味的好产品"。

然而，我的努力并没有得到回报。32岁时，我彻底丧失了信心，跌入了人生的谷底。

由"求新"到"满足需求"

渐渐地，我用光了存款。明天开始怎么生活？我眼前一片漆黑，一筹莫展，切身体验一回人生困境。

我到底哪里做错了呢？

就在那时，我在一本书中读到了这样一句话："当事情不顺利时，应该试着改变一些东西。"

要改变做事的方式呀……我半信半疑。2002 年，当我 33 岁的时候，终于做出了改变。以往我只会凭着自己的喜好去种植蔬菜，从那时起我放弃了这种做法，开始根据客户的需求去种植。这在当时实属罕见。

一天，有人来问："能帮我种菠菜吗？"其实，当时我的耕地里一直种的是茄子。但他是我一直有交情的朋友，似乎遇到了难题。他定期需要采购菠菜，也恳求过其他农户，却没能得到帮助，所以才找到我。

以往我种过西瓜和茄子，但从未种过菠菜，而且附近的农户也没人种菠菜。

既然他求到我了，我便想还是尽力相帮吧。于是，我找出了农大时代的教科书，开始自学种植菠菜。

没想到，我种出来的菠菜大受欢迎！

倒不是因为我的菠菜有什么特别之处，而是恰逢市场开始重视采购的计划性和稳定性。

市场开始需要农作物满足定额、定量、定数、定时和定质等条件。如果农产品能按照定数和定量交货，就能稳定地获取定额回报。外加保质保量，只要品质能保持稳定，其余就没有什么特殊要求了。

这与我以前 365 天都急于生产更好产品时的做法完全不同，也与自我满足式地努力付出大相径庭，现代农业就是"满足客户需求"的农业。

那时，我的心里诞生了"新农业"的概念。因为它帮助我迅速实现了"V"字形的触底反弹。当时的我，自然是想把公司做强做大。

然而，当我的事业开始蒸蒸日上时，悲剧却突然发生。妻子告诉我："我不能跟你一起生活了，我要回娘家。"

那时，我因为赚了点钱就开始变得骄傲自大起来。我没有意识到，虽说是一个人在搞事业，但也仰仗了夫人相助和父母之力。

废寝忘食埋头种菜时的我

有高潮就有低谷

我每月给妻子 60 万日元，这可比 30 多岁普通工薪阶层的工资更高。我本以为给了这些钱，妻子就不会有怨言了。

但她正是对我这种做法感到不满。因为她清楚地记得我们过去没钱时的困苦日子。

有台风来袭损失惨重的时候，也有蔬菜价格暴跌几个月都没有收入的时候。也就是说，她目睹和经历了农业中的狂涨和暴跌。

因此她对我说："你太得意忘形了，给我 60 万也好，100 万也好，我都不会觉得开心。因为凡事有高潮就有低谷。"

每当遇到事情，妻子总是问我："为什么农民会这样呢？"对于我来说，这无疑是巨大的打击。

如果她出身农民，可能就不会说那些话了。对于农民来说，这种辛苦是理所当然的。我们都是看着父母辛苦劳作长大的，所以懂得忍耐。然而，妻子出生在工薪阶层家庭，对农民的辛苦一无所知就嫁了过来。"为什么没有钱？""为什么这么累？"她总会将自己的感受直言不讳地表达出来。这些话就像针一般刺痛着我。

那时，虽然连我自己都看不起农业，但从妻子口中听到抱怨农业的话时，我还是感到怒不可遏，厉声呵斥她："你懂什么？！"妻子对我感到失望至极，果真回了娘家。

其实，当时我自己也意识到了妻子说的话并没有错。于是我决定："既然已经尝尽了农业的酸甜苦辣，那就再尝试一下农业以外的工作吧。"

当时我能够果断下决心，也许是因为通过农业赚了钱，有了一些积蓄。

如果没有赚到钱，会被子孙抱怨我是因为没能力才使家业凋零的。我不想夹着尾巴逃跑。如果非要放弃家业，就在最赚钱的时候停止吧……

关闭祖业农场后，我开始去职业介绍所找工作。这样一来，妻子也认同我的做法，回到了我身边。也许，比起赚大钱，女人更需要稳定的收入吧。

然而，这种高兴并没持续多久，因为我很难找到就业出路。

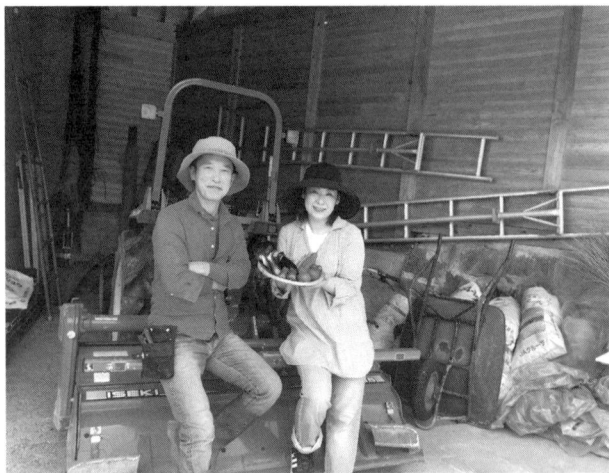

我和回归的妻子

初创"企业化农业"模式

我曾经认为 37 岁还算年轻，工作机会一定很多。

"虽然有些自卖自夸，我沟通能力还不错。因为长期从事农业工作，也有足够的体力。普通的事务性工作我都能做。而且我一直坚持读书看报，具备社会人应有的基本素养和技能。"

我向职业介绍所的负责人做了一番自我公关，并提交了个人简历。然而，没有任何面试通知。

我询问负责人："我已经提交了个人简历，为什么没有接到用工信息通知呢？"得到的回复是："山下先生您在简历中的职业一栏里，除了农业还能再补充一些其他内容吗？"

话虽如此，我的确除了农业以外没有做过其他工作，总不能弄虚作假吧。同时，我也意识到："世人对农业和农民果真是一无所知呀。"

这样说也许不礼貌，但我认为农业经营者比普通的工薪阶层拥有更多技能。

不仅自己从事生产，还要管理兼职人员，做会计、做财务、做销售。一个人要兼任八九个人的工作，可谓十八般武艺样样精通。

然而，我连面试的机会都没有，更没有机会申诉。我的农业自卑情结越来越严重。

有一天，我听闻一家风险投资公司将成立农业部，就主动前去拜访，想得到一次面试机会。那家公司就在离我家不远的地方，中间只隔了两三栋房子，名叫"株式会社果实堂"。

在此之前，我因为农民出身，属于"尊王攘夷派"，所以总认为"一群不懂农业的人去搞农业公司真是岂有此理，应该把他们全部干掉"！

然而，由于家庭经济岌岌可危，为解燃眉之急，我还是去拜访了这家公司，抱着只是去了解一下情况的想法。

结果，无论我如何在面试官面前卖弄农业学识，他们还是表示："你不行，我们不需要农民！"断然拒绝了我。

后来我才明白，对于公司来说，以前一直从事农业工作的人，基本上习惯了一人决定一人执行的模式，不适合在组织中工作。要公司化去运营农业，比起农业经验，学历和商业经验更重要。

但是，我没有就此放弃。

"不，贵公司今后要从事农业工作，为什么不需要有农业经验的人呢？""我已经没有其他公司可去了，请你们收留我吧。"经过一番软磨硬泡，并且以提供自家耕地作为交换条件，我终于进入了选拔人员名单，排名第四。那时是 2008 年。

进入公司后的情形令我吃惊。这家风投公司的目标是，完全依靠数据管理，将农产品也作为食品进行经营。从安全生产到可追溯性（生产和流通记录），全部追求可获得 ISO（国际标准）认证的水准。

在公司中，我参与了成立农业事业部的相关工作。起初很辛苦。当地的农民和自治机构就像以前的我一样，认为"公司化做农业不靠谱"。我们遇到了相当大的阻力。当时《农地法》尚未修订，振兴农业还为时过早。

但是在 2009 年，我设法确保了农田和人力资源，以"果实堂农场株式会社"的形式开创了"企业化农业"的模式并就任董事长。此后，在人力资源开发和组织结构建设的同时，我全力培养后继者。

今天，随着时代的变化，人们对"企业化农业"的理解越来越多。我们公司得到了三井物产、丰田、可果美、富士通等公司的注资，作为覆盖了全新技术科学和食品供应的农业食品公司成了农业领域的典范。但这时，我决定离开公司，开始独立创业。

从农家子弟脱胎换骨

2012 年 3 月，我离开了果实堂。在那里我虽然学习了与技术相关的全部知识，但毕竟只是一个农民。公司在继续成长壮大，而我却感觉自己已经跟不上公司的发展了。

不过，在果实堂的工作经历却帮我打开了通往"新农业"的大门。

在进入果实堂之前，我不会使用电脑，也不会发邮件。因为农民家庭出身，我从未出过差，也从未独自坐过飞机。

就是这样一个我，后来与风投公司的老板一起走遍了全国，并且结识了许多企业经营者和先进农业工作者。这是一笔巨大的财富。

首先，对农业没有成见的风投公司所瞄准的"新农业"是一项了不起的事业。我经历过"幕末农业"，起初对"新农业"能否被世人接受是半信半疑的，有时我甚至理解不了为什么要那么做。

其次，风投公司做事速度很快。一般需要 1 年时间才能完成的工作在这里会被要求 3 个月内完成。我全身心地投入到工作中，一年 365 天几乎没有休息。

如此高强度工作的回报是，公司的销售额每年增长 1 亿日元，5 年达到 5 亿日元。 2018 年，整个公司的销售额超过了 10

亿日元。

日本 NHK 也前来采访。渐渐地，公司经营农业的形式受到关注，贸易公司和大型制造商纷纷向果实堂投资，这表明了"新农业"时代已经到来。

在这期间，我不断地在思考自己能做些什么。经过一番深思熟虑后，我决定将入行农业所需的"人才建设和机制建设"作为新的职业方向。

于是，我创立了"农平台株式会社"，这是一家咨询公司，为那些想进军"新农业"的人提供支持。那时是 2012 年 5 月。

不用说，这是日本第一家专做农业入行事宜咨询的公司。

回想起在果实堂做企业化农业的五年，的确是充实的五年。那时积累的经验是我现在的动力。

从这个意义上说，是果实堂把我这个种地的农家子弟蜕变成了"半农半商"的再生人。

约翰万次郎的一句忠告

有时，我感觉自己就像约翰万次郎一样。

1827 年（文政十年）万次郎出生在土佐国幡多郡中之滨村（今高知县土佐清水市中滨）的一户贫困渔民家庭。1841 年（天保十二年）1 月 27 日他出海捕鱼时突遇大风，船只随波漂流到鸟岛。他和四个同伴靠仅存的淡水、海藻和海鸟幸存了下来。之后，他们被美国捕鲸船约翰·霍伊特菲尔德号救起，从此远渡美国。

后来，经过各种努力，万次郎终于在 1852 年（嘉永五年）回到家乡。次年，他被召到江户幕府，成为直参的旗本（将军的直臣）。当时江户幕府亟须应对"黑船事件"，而万次郎在美国获得的知识起到了极大作用。

虽然不能像约翰万次郎那样起到救国救民的作用，但我也算是从"幕末农业"中生存了下来，经历了四处漂泊，漂到了风投企业。在那里，我目睹了新型农业的实貌。这对我来说是一笔巨大的财富。

如今，我常受到各方的邀请，如个人、公司、政府机构和农协等。我立足于自身的务农经历和风投公司的从业经验，在各种场合讲解分析日本农业界的前沿信息，向人们解答"未来农业将何去何从"的问题。

　　这就如同，江户幕府叫来万次郎，让他回答"美国人总是很高傲，进屋也不脱鞋，是真的吗？"这类问题一样。

　　我向大家分享的，其实对于从事新型农业的"先驱者"们来说都是基本常识，而且是正在实践中的事实。

　　但是仍然有很多人不知道这些事实，即使我讲了很多实例，他们依旧觉得难以置信："这是真的吗？"

　　我想告诉大家："日本农业正发生着日新月异的变化。"这一点我不知道通过此书能传达多少。

　　当然了，没有必要每个人都去做"播种种田"的模式。我只是希望大家能意识到，日本农业界还有很多领域尚待开发，很多事情还需要创新革新，其中隐藏着机会。

　　你可以做从事生产的"制造商"，也可以做负责流通、分销的"供应商"。总之，在农业世界里发展机遇良多。

　　在接下来的一章，我将具体说明如何加入"新农业"。

第三章

在农企任职，踏实做好创业准备

在农业中自主规划

说起"农业的魅力是什么"，很多人可能会回答："在于收获时的喜悦。"当然，收获是快乐的。然而我想说："农业的魅力在于能够谱写自己的人生。"

人们原本就很难随心所欲地生活。假如你隶属于某个组织（公司），就要生活在组织的框架内。即使有人说："我把项目交给你，你可以自由决定。"但由于身处组织内部，你也不过是在组织框架下自由行事罢了。

那么，个体农民就能过上自由的生活吗？其实不然。他们会受到台风、水灾、冻灾等自然灾害的困扰，还会遇到虫害、疾病等各种问题，往往事不遂人愿。

不过，农业除了在某种程度上需要遵从顾客"想要那个，想要这个"的需求外，农民可以把农地当作画布，自由决定什么时候在哪里种植什么作物。据此获得收入后，也可以决定钱的用法和生活方式，自己来设计和规划人生。虽然自己设计人生也伴随着一定的辛苦，但由于一切都能由自己决定，因此可以认真感受自己的人生。

而且，新型农业更加不受地域限制，在哪里都能开始，不必非要在自己的家乡。事实上，有不少人从东京跑到冲绳去务农，也有人在北海道干起了农业经营。

在这个意义上，也许可以说以农业为生的人可以做到在整个日本地图上规划自己的人生。

然而，农业并不是一项立刻就能开花结果的事业。资本雄厚的公司可能在五年内取得成果，但如果是个人起步的话，最好要有奋斗十年的思想准备。

如果将农业作为享受慢生活的手段则另当别论了，如果是想通过农业打造良好的经济基础，服务于社会，则需要有足够的准备和规划。

听到这里，有些人可能会退缩："需要 10 年时间，太难了。"但是你能预见到 10 年后这项事业的前景吗？

或者，如果你正在考虑换工作，那你能预见自己即将就职的行业 10 年后发展如何吗？判断一项工作是否有未来，其实是很难的。

从这一点来说，农业是关系到衣食住行的基本民生产业。

时下，"2045 年问题"成为热议话题。据说 2045 年 AI（人工智能）将超越人类智慧出现"技术奇点"，大多数人将失去工作。

的确，也许到那时大部分的办公室工作将被 AI 取代。然而，AI 不会农业。可能机械化、便捷化的进步会令耕种变得轻松，但是根据需求决定种植什么作物、如何种植，以及如何增加附加值等这些问题，只能依靠人类智慧。在培育生命的农业领域里，毋庸置疑，人类将继续担任主人公的角色。

从这个意义上来看，要描绘 10 年后的蓝图，农业才是最宽广的画布。

而且，正如前文所述，农业刚刚放宽了限制，自由程度很高。如果起跑线相同，当然尽早起跑获胜的概率更大。

话虽如此，农业并不是一项轻松的工作。说实话，农业是一场艰难的游戏。所以我才对大家说"快加入进来吧"。 如果简单，就不需要众人之力了。正因为只有聪明人才能做得到，所以我希望那些引领时代的人们能够加入农业。

农业绝不简单，但不简单才有趣味。如果能到达成功的顶点，你一定会品尝到人生的绝顶妙趣。

不过，一个完全没有经验的人是很难快速适应农业的。因此，我建议大家先找家农企工作一段时间。

从农企起步

正如我在前文所说，日本农业正在从个人经营的农业转变为组织化农业。而且，正在从迎合自然的农业转变为迎合人类需要的农业。

这种变化带来的巨大冲击可以匹敌伽利略否定"天动说"而提出了"地动说"。

那么，现在全国有多少家农企（农业法人）正在开展新型农业呢？

截至 2017 年，日本农户总数约为 120 万户。1997 年这一数字约为 257 万户，几乎减少了一半。但是，农业法人的数量却从 2005 年的 8700 家猛增到 2016 年的 2.8 万家。

日本政府在《支持提高农业管理事业》中提出，到 2025 年农企数量要增至 5 万家。

总之，国家政策是试图促进组织型农业、法人化农业，即推进农业的组织化和公司化。

那么，由此带来的变化就是农企需要大量招聘人才。

这时，能认识到"农业已经与以往不同了。我也要运用自己擅长的知识去挑战农业"的人就成了主角。

然而，一上来就购买耕地、拖拉机的确是有难度的。因此，我建议你们先找一家农企工作一段时间，积累些经验。

· 日本农户总数量变化（引自农业结构动态调查）

万户

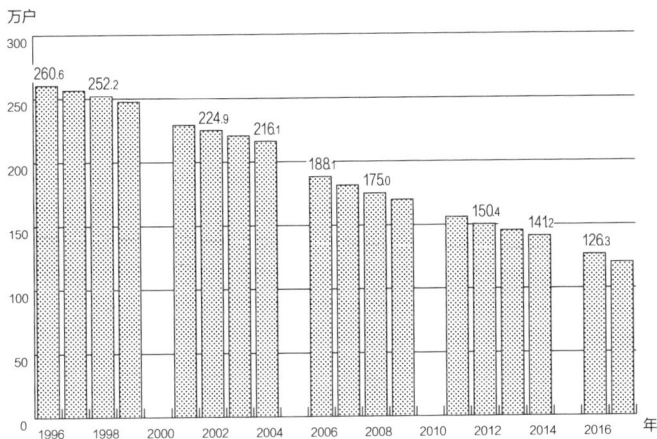

· 法人经营实体数量变化（引自农林业统计调查和农林水产省数据）

经营实体数

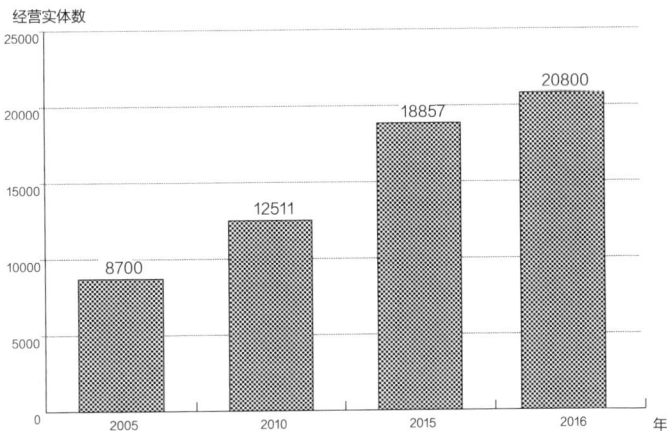

　　许多人对农业有一种误解，认为农业需要的是肌肉发达的体力劳动者，但其实不完全是。那些想要踏踏实实自己栽培作物，向往慢节奏绿色生活的人另当别论。

　　农企需要的是"能够团队协作的人"。

我们需要一起努力把农业转为农商，抢占更多的市场份额。一起考虑需要制定什么策略，何时能够完成目标。为此，需要大家一起开会协商，明确自己的分工……

总而言之，农企需要的是在公司的项目中能够相互协商、相互沟通的人。

另外，农企需要的人才范围很广，如会计能力强的人、熟悉 IT 的人、有谈判能力的人、有领导能力的人，以及有规划能力的人。也就是说，希望各行各业的人将自己的技能直接应用于农业，而不仅仅是熟悉农业。

因此，农企在招聘时更倾向于那些没有农业经验却具有某方面特长，能够弥补公司不足的人才。

如何寻找优秀农企

那么，我们怎样才能找到一家能学到很多东西的优秀农企呢？

去职业介绍所寻找是一种方法，但更多的人会在互联网上搜索。

此时，积极地在社交网络上发帖就变得至关重要。

因为这样的农企有意愿向公众宣传自己，希望吸引更多认同自己的人才。我们应该首先尝试访问这些公司的网站。

当然，起初你可能会担心自己"从来没有做过农业"，害怕吃闭门羹。但情况正好相反。

许多在社交网络上积极开展宣传的公司都在等待着那些能勇敢迈出第一步的人才："对不起，我虽然对农业一窍不通，但是如果有我能做的工作，请让我一起加入。"

我们在前文提到过，"目前日本约有 2 万家农企"，其中约3000 家是新成立的，余下的 1.7 万家是由传统农户创办的企业。

那么，这本书的读者如果要接受农企的面试，最好从新成立的公司中选择一家，尤其是正处在成长期的。

去参加这些公司的面试时，最不该做的就是大谈特谈农业。

当我们打开一家农企的主页时，满眼看到的都是这样的文案："让我们一起开拓农业新天地吧！""你愿意和我一起在辽阔的大地上务农吗？"千万不要被那些文字欺骗。一家新入行农业且不断成长的农企的真心话是："我们一起做农商生意吧！"只不过是因为诸如"把这些话放在社交网上有点难为情""这么说会吓跑大家吧"之类的顾虑而改变了措辞方式罢了。

其实，一家农企从创立之日起，就已经开始了在商业战场上的厮杀。所以，在面试中听到应聘者大谈"我的农业梦想是……"时，他们只会觉得不合时宜。

事实上，他们更需要能提出这样问题的人："还是先说说能赚多少钱吧？""我该怎么做才能占到第一的市场份额？"

如果你真的想在农企就业，面试时就应该说："我在以前的公司里做了很多努力，因为认识到农业的未来潜力无限，想搞活农商才来应聘的。""虽然对农业一窍不通，但我很想做农商工作。"

这么一来，你就能给农企社长留下深刻的印象。他会对你说："说得太好了，我们就在等你这样有干劲的人。"

实际上，我作为咨询顾问与农业公司的人交流时发现那的确是百分之百的真心话。如果有人问我："山下先生，我怎么才能聘用到那样的人？"我会建议他："跟他们直接谈钱吧。"

例如想招到在商社年收入达到 1200 万日元的人，就必须对他们说："要不要来我们这里赚 1500 万日元？"

农企社长表示："怎么也不可能一开始就承诺 1500 万日元哪。""这么说如何？"于是我会继续提议，"你如果想赚 1500 万日元，我会作为老板给你提供拖拉机、农场和员工，然后由你来合理规划，建立有效机制，创立一个年收入 1500 万日元的体系。外部条件我来准备，你想不想试试？"

这样，真正打算搞农商的人就会认真盘算，例如把进价为 100 日元的苹果按 120 日元的价格卖出，从中扣除相应费用和 20 日元的公司利润，要达到年收入 1500 万日元得卖掉多少苹果。

农企需要这样的人才。我所说的"就职于农企时，不要谈对农业的想法"就是这个意思。 也许有人会说："这只是改变了工作内容，到头来还是一个给公司打工的普通职员。"

或许的确如此。但是，如果在此期间能够做出成果，很快地出人头地和升职加薪也是事实。而且，一旦掌握了其中诀窍还可以规划独立创业之路。

学习农企经验，顺利实现进阶

农商虽然前景光明，但实际做的工作一点也不起眼，就是踏踏实实地执行常规作业，慢慢积累。

假设，有一吨卷心菜要以 100 万日元的价格供货给商社。只有建立一套长期持续的供销体系，才能形成贸易。

由于卷心菜必须在收获前 120 天播种，因此种植、收获和装运卷心菜的常规作业需要长期持续地进行。如何提高常规工作的效率，如何外包给其他农户，将成为成功的关键。

完全没有农业经历的人，最好能在农企里工作一段时间，学习一些具体做法。因为在今天的日本农业界，只有在农企里才能学到这些。然后，你才能走上独立之路。

在实地学习和尝试过常规作业、指导员工完成工作、通过外包建立业务等一系列工作后，你才能登上更高一级的台阶。

为此，你首先要在某个农企里干出一番成绩。当然，如果公司的实力和发展都不行就另当别论了。但是，从个人成长的角度来说，反复半途而废是学不到真本领的。

"有你在我们才能顺利推进工作。多亏有你才能进展得如此顺利。"你需要得到这种认可才行。就算当不了老板，至少也要成为老板的得力助手。

达到这种水平，就是可以独立的好时机了。

　　我似乎听到了反对的声音："那么容易就能出人头地？怎么可能呢！"现代农商刚刚诞生，实际上如果让所有商业人士与农企员工来一场能力大比拼的话，更多时候还是商业人士更胜一筹。

　　目前，日本约有400万家企业，其中1万家是大型企业，其余是中小企业。据说，其中销售额超过1亿日元的公司占10%，那么应该是40万家。

　　相比之下，在约2万家的农企中，只有2000家企业的销售额超过1亿日元。再看每个员工所能支配的金额，一般公司的工薪阶层是2亿~3亿日元，而农企员工顶多1亿日元左右。并且，能够支配这1亿日元资金的大多是公司高层。相反，从目前的情况看，在农企跻身高位要比普通公司容易得多，并且发展前景广大。

农企所需人才的五个必备条件

现阶段虽然农企需要的人才包括了工人和管理人员，但今后随着机械化和信息技术化的发展，工人的工作将越来越省力，被邻国的外国工人所取代。

从这种情况来看，农企更需要的是能成为经营者的得力助手并运营好整个组织的管理者。

那么，管理者需要具备哪些素养呢？我认为，作为社会人士最基本的"礼貌、礼仪、问候和答复"首先是必不可少的，除此之外，还应具备以下五个条件：

①有求必应
②快速响应
③有团队精神
④有能力兑现承诺
⑤对数字敏感

我进入农企时就给自己设定了目标：六个月后成为农场长，一年后进入董事会。然后，我一点点实现了这些目标。那我是怎么做到的呢？

简单来说，我坚持做一个"有求必应的人"。也就是处处留心努力去做一个"好好先生"。

在我入职并理解了公司的发展方向后，就开始努力接纳交到我手上的所有工作并尽力协助公司项目取得成功。

因为我觉得，公司就像小孩子们玩的过家家一样。一起玩耍时，带头的小孩会举起右手食指说："抓住我的这根手指，我们就是伙伴，一起玩耍，一起前进吧！"当社长向大家发出"抓住我这根手指"的指令，接受指令的我们一旦抓住了这根手指，就是命运共同体，应该朝着同一个方向前进。

此外，为了成为"有求必应的人"，少不了及时地与他人联系、报告和商量。从其他行业跨界加入农企或原本从事农业工作的人中，很多人自我意识较强。他们对自己的行为有信心，因此可能会质疑："有必要凡事都联系、报告、商量吗？"

就像把铁锹能手、拖拉机大师和肥料分析专家聚集在一起一样，如果每个人都按照自己的意愿做事，那工作就乱套了。因此，联系、报告和商量是必不可少的，积极交流才能有效沟通。

其次，农企需要"快速响应的人"。不仅是农企，一般公司也是如此。例如，你被指派的工作是"整理资料"，但三天过后也没完成。如此反复多次，以后你就不会再被委以重任了，这是毋庸置疑的。

接下来，重要的一点是能做一个"有团队精神的人"。这一点也与其他公司一样，农企也需要团队合作。

例如足球运动，无论球员的个人能力如何突出，没有合作精神也对获胜毫无意义。

非洲有一句谚语说："一人独行走得快，与人同行走得远。"也许一个人做能快速推进工作。然而，一人之力并不能使组织朝着更大的目标发展。

"有能力兑现承诺的人"，换言之就是能够重新审视结果、认真总结经验的人。

并不是设定了目标就能顺利完成。毕竟，我们做的是以大自然为对象的工作。例如，台风来袭可能会导致我们的 100 个目标中只能完成 80 个。然而，我们不能一味地叹息"别无他法"，而是需要思考如何为明年到来的台风做好准备。这就是确保结果顺利实现的能力。

犹太人的法则中有一条叫作"78 比 22 法则"。他们认为，世间的一切都适用 78 比 22 的法则，意思是无论如何努力都有 22% 的失败概率。

但是，我们要通过每年孜孜不倦的努力和积累，尽力去做到没实现的那 22%。于是，下一轮同样会完成 78%，剩余 22% 没能完成。

这样下去，第二年是 22% × 22%，第三年是 22% × 22% × 22%，失败的概率会越来越小。

农企的经营者们需要的正是为了实现目标能多次提出改进方案的人，也就是"有着一颗不服输的心，不懈努力不断前进的人"。

除了兑现承诺的能力之外，我们还需要对数字敏感。这也是做新农业不可或缺的基本素养。

在传统的农业中，很少有场合需要用数字来解释说明。由于主要是家庭管理模式，业务推进依靠的是夫妻之间的默契。

因此，没有必要使用文字或数字。

例如，棒球教练长岛茂雄那种富有画面感的语言……"嗖地飞了过来，砰的一声打中，呼地打了出去"，用这种形式也能实现交流。

举个极端的例子。农户说："我原本打算种 1 万棵卷心菜的，但是由于大雨最后只出产了 8000 棵。"一般人都只会口头表示下同情："说起这个雨，也真是没办法的事。"没人会积极考虑解决方法（当然，这一年的收入会减少，农户的生计艰难……）。

但在农企，这样不了了之是不行的。签署的协议中明确包含了"供货的时间和数量"，大雨、狂风，或者怪罪老天爷之类的借口都是行不通的。反复推卸责任的话，很快就会被市场淘汰。

此外，在扩大规模的过程中，农企还可以从金融机构获得贷款和补贴，但必须制订一个偿还计划。

为此，也必须制订一份严格的生产计划：什么时候生产什么作物，生产多少，生产作业日程如何执行，等等。另外，还要掌握"卖出多少获利多少，把获利投资在何处"。当发生紧急情况时如何弥补损失等，这些都需要精确的数字化管理。

实际上，一些农企已经拥有了具备上述条件的人才，它们得益于此正在迅速崛起。

让我们再次总结一下这五个条件：①有求必应；②快速响应；③有团队精神；④有能力兑现承诺；⑤对数字敏感。可以说，五个条件你能具备几个，决定了你未来在农业中的成功之路。

独立创业前需要学习的九个要点

拥有上述品质的人，进入农企后很有可能会出人头地，说不定还能成为经营者的得力助手。如同为丰臣秀吉①效力的石田三成②或黑田官兵卫③一样，他们也会成为经营者的左膀右臂，过上有价值的且某种意义上称得上悠闲自得的新生活。这也是一种成功。

但是，也许有一天他们会不再满足于辅佐他人。

他们想放开社长的"那根手指"，伸出自己的手指向别人发出邀请："抓住我的这根手指，我们就是伙伴，一起玩耍，一起前进吧！"

我认为，当这种想法产生的时候，就是"独立创业的最佳时机"。不过，你必须注意的是，要在抓住社长的手指为他效劳并领取薪水期间学会如下九件事。

---

① 丰臣秀吉，日本战国时代和安土桃山时代的政治家、军事家，"战国三杰"之一。

② 石田三成，日本战国时代和安土桃山时代的武将，丰臣秀吉的得力干将。

③ 黑田官兵卫，日本安土桃山时代的名军师和战国大名，是辅佐丰臣秀吉统一日本的最大功臣。

▶ 第一条：了解植物的生长原理

首先要"了解植物的生长原理"，而不是如何生产作物。简单地说，就是弄清楚"植物为了什么而生长"。如果不明白这一点，你做的农商必定失败。

那么，植物是为了什么而生长的呢？

答案是，植物也像动物一样，需要繁衍后代。

可能你会说："这是当然的了，连小学生都懂。"但实际上其中蕴含着很深奥的道理。

植物要生存，首先需要光。而且，观察其生长过程，你会发现植物在生长初期最容易生病，如同人类一般。

或者，我们会发现植物也像孩子一样需要一定的教育和培养。如果不加以培养，长大后会受到影响。

例如，当种子发芽长出双叶时，根据不同生长时期有时需要严格管理光照和环境等，有时则需要适当细心呵护，否则在后期它们将无法顺利生长。

植物开花的时候相当于人类的 30~40 岁，是生长最旺盛的时期。而后，它们就会开始授粉、结种、枯萎，植物的一生和人类的一生一样，也要经历相似的生长阶段。

当我们认识到这一点时，就知道应该如何栽培植物了。"在每个关键时期如何保证植物的健康。不能过于呵护，也不可过于严苛。"

当然，卷心菜和西红柿的种植方式也不同。但当你意识到"它们都在努力繁衍后代"时，就能明白农业是什么了。

此外，如前文西田先生所实施的"读月栽培"，就是一种灵活利用植物生长周期的耕作方法。

就像月亮的盈亏会令引力和地球重力发生变化一样，树木中的养分和水分也会随之变化。在满月之日，水分会流向果实和树枝等顶部，而新月时水分和营养则会移动到植物根部。因此，在新月之日杂草生长得最慢，所以最适宜割草。

了解自然规律后，再学习设施栽培等环境控制技术，自然可以更好地理解作为产业的农业。

▶ 第二条：知晓农业机械化的要领

这里所说的农业机械也包括电脑和智能手机。未来的农业将以拖拉机等机械为主完成大部分作业。可以说，已经有接近99%的工作可以实行机械作业。

事实上我不太擅长操作机器，但会努力去适应机器。不是单纯地记住机械用法，而是积累经验不断学习，在恰当的时机、恰当的地点合理运用机械。

假设农田分散在 A、B、C 三个位置。现在我们必须去耕种这三块农田，A 农田要犁 10 个单位面积，B 农田要犁 5 个单位面积，C 农田要犁 1 个单位面积。

此时，我们当然要用拖拉机去犁面积最大的 A 农田。但问题是，B 农田和 C 农田是否也要使用拖拉机呢？

如果 B 农田离 A 农田很近，当然还是应该使用拖拉机。如果 A 农田和 B 农田相距甚远，拖拉机在两地间移动需要花费 1 小时的话，那么用拖拉机去犁 B 农田是否还正确呢？倒不如用人力耕种更有效率。

此外，对于面积最小的 C 农田，暂且不论距离远近，不用拖拉机更好。

随着业务的增加，农地面积也越来越大，而这样的合理判断就显得越来越重要了，需要不断积累经验。

目前，约 90% 的农业工作可以利用机械和工具完成。然而，备足所有的机械和工具虽然可能会让农事作业本身更轻松，却也会让我们陷入"买机器变穷人"的困境。机器不是为了让农事变得更轻松，而是为了提升利润而存在的。认识不到这一点，是做不好新农业的。

今后，随着农业机械化的进一步提升，如何有效运营将越来越重要。

在农业界，许多人不善于用电脑。因此，如果有人能在工作中得心应手地使用电脑，那么他进入农企后很可能会一跃成为英雄。

农业界中65%以上的从业者年龄在 65 岁以上，他们至今仍然通过传真或电话收发订单，而非电子邮件。因为没有必要提交商品记录或报告书，只供货给批发市场或农协就可以，不需要开具交货单和付款通知函，所以 Excel 和 Word 的利用率不高。但是，现在 ICT 和 IoT 正在迅速进入农业领域。终于迎来了好时机，我们总算能大展拳脚了。

▶ 第三条：了解四季变化

这是从事农业工作不可或缺的知识。其中，你最先应该了解的是"二十四节气"。

每年到了彼岸时节（春分及其前后各三天的七天时间），龙爪花都会在农地里的田埂上绽放。那么，龙爪花是如何知晓什么时候开花的呢？

经过常年观察，我们发现龙爪花似乎能感知昼夜的长短。

当白天和黑夜长短相同时，龙爪花凭借着某种感应器的感知，能够分毫不差地赶在春分前后绽放花朵。

二十四节气诞生于中国古代。当时，中国使用依月相的变化周期而制定的太阴历，但这种历法不适用于受太阳活动影响较大的农业生产。因此，中国古人又基于太阳活动而制定了二十四节气。

太阳在浑天仪上移动的轨迹被称为"黄道"，将黄道二十四等分之后就形成了二十四个节气。

将黄道四等分，形成"二至"（夏至、冬至）和"二分"（春分、秋分），再分别在中间加上"四立"（立春、立夏、立秋、立冬），形成"八节"。一节45天，每15天为一单位，平分三等份，就形成了"二十四节气"。

简单来说，在春分日和秋分日昼夜长短相同，夏至是白天时间最长的一天，冬至是白天最短的一天。以此为区分，将一年分为24段。

由于中国的二十四节气是根据黄河中下游的气候制定的，因此比日本的季节早一个月左右。于是，日本人为了配合日本的气候而创造出一些"杂节"。例如：节分（立春前日，2月3日左右）、彼岸（春分、秋分及其前后各三天的七天时间）、社日（春分、秋分最近的戊日）、八十八夜（立春起第 88 天，5 月 2 日左右）、入梅（初入梅雨期的日子，6 月 11 日左右）、半夏生（从夏至起第 11 天，7 月 2 日左右）、土用（一般指夏土用，伏暑）、二百十日（从立春起第 210 天，9 月 1 日左右）、二百二十日（从立春起第 220 天，9 月 11 日左右）等。

二十四节气

此外，日本人还将每个节气再按照五天进行均分，形成了"七十二候"。例如，从立春日开始的头 5 天是"东风解冻"（东风开始融化厚厚的冰），接下来的 5 天是"黄莺睨睆"（黄莺开始在山中鸣叫），再接下来的 5 天是"鱼上冰"（鱼从冰的裂缝中跳出）等。感兴趣的人，可以在网上查询详细内容。

总之，为了种植农作物，需要对二十四节气即季节的变化保持敏锐感知。为了在农商中取得成功，最好在日历上详细标记二十四节气，以便应时而动。

▶ 第四条：学习物流机制

事实上，进军农商的最大障碍在于"物流成本"。特别是以大型运输公司为首的物流行业正面临人力资源短缺而造成的物流价格持续上涨。今后，物流成本恐怕也会节节攀升。

传统农业是很少需要考虑物流问题的。因为运输都是由农协来负责，农民只要考虑"我们负责种田"就可以了。

然而，在现代农业中，越来越多的农产品需求者与供应者之间直接建立了联系，因此农业和物流之间的关系就变得密不可分了。

也就是说，所谓新农商要时刻以客户为先，客户支付的费用中，从一开始就包含了农产品运输到家的费用。

当然，配送上门和运输调度，以及运费和邮费，都由作为发货方的农民承担。

从这个意义上说，如果考虑独立创业的话，应该在农企里把物流机制的相关知识学习透彻。

▶ 第五条：了解市场行情和商品价格

商品的价格（市场行情）是由供需决定的。农产品也是如此。

当供需平衡时，价格会趋于稳定。当供应量不变但需求增加时，则价格上涨。情况相反时，则价格暴跌。在农企工作期间，学习了解市场行情的动态和商品价格变动是非常必要的。

为此，我们需要训练自己把一切都换算为金钱。夸张一点说，就是要养成一种习惯，凡事都留心关注价钱，哪怕是一粒种子。

例如，去拉面店时，可以设想一下将来自己也开一家拉面店要考虑哪些方面。"这个拉面碗多少钱？""需要一次性筷子""应该花多少钱在照明和椅子上"等。

反过来说，就是要下功夫考虑，如何尽量低成本地营造出"高级感"。

如果要开一家拉面店，为了招揽顾客，首先当然是提供美味的拉面，在此基础上还需要增加一点特色，让顾客感到物超所值。包括店内的氛围营造和店员们的待客态度，重要的是给顾客一种"去那家店很值"的感觉。当然了，还需要了解拉面业界的市场行情。

新农商的前提是通过与客户交易（做买卖）实现盈利。

通常要确定交货日期后才能商定批发价和供货数量，所以我们始终需要根据供货期来交涉价格。如果不事先掌握经销产品的价格、价值和市场行情，那么与合作方谈判时就掌握不了话语权。

在农业中能否独立和成功的转折点都取决于数字（金钱）。因此，了解市场行情的变化并密切关注商品价格的定价标准至关重要。

▶ 第六条：掌握降低成本的诀窍

成本意识对于商业成功至关重要，这一点毋庸置疑。无论多么干劲十足地投入大成本，标榜"我们要种植美味的蔬菜"，如果销售价格远高于市场价格，也是卖不出去的。

有些人可能会说："我们的农产品全部是人工种植的，是时下流行的有机作物。"如果是通过互联网直接销售，也许能找到一些买家吧。

但是严格来讲，即使自己辛苦劳作、倾尽所有，赚的钱也仅能勉强维持一人生存。

如果想通过干农业真正赚钱，也可以生产和出售高档的、高附加值的产品，但事实上农业也是一个高额成本与价格收益不成正比的行业。如果想通过农商持续赚钱的话，就要认真确认资金的收支情况，努力降低成本。

我在本书第一章中介绍的几位赚了 10 亿日元的成功人士，他们都在不遗余力地追求合理化和高效率。北部农园的上田会长，每天都在努力思考如何控制生产成本。

"村冈有限公司"的村冈会长，也一直坚持逐一审查商品运输时的纸箱包装费和蔬菜的包装材料，致力于成本削减。

"西田果树园"的西田先生正在重新整备果园，以提高工作效率。为了有效地修剪园中杂草，节省割草的时间成本，他专门设计了载人割草机，有效节省了割草的时间和人力。

"中村园"的中村社长则效仿制造业的做法，从零开始审视茶叶的生产流程，致力于彻底消除"不均衡、不合理、不起效"的浪费现象。

因此，在劳动力成本方面，农业界迎来了重要的转折期。传统农业因为生产效率低下而聚焦于如何降低劳动力成本，往往采用低薪的方法来节省劳动力成本。然而，今后新农业的劳动力成本将与其他行业持平，甚至很多农企支付的时薪和工资比其他行业更高。

北部农园的上田会长自从开展农业业务以来，一直在努力向员工支付高于其他行业的薪水。其结果是，在农场工作的兼职人员工时薪都能达到 1200 日元以上。

作为提高薪金的手段，虽然提升"人力、时间和生产积极性"很有必要，但总归还是要靠扩大规模，获得规模效益，提高生产效率。

此外，如何与员工建立"双赢关系"也是关键。

过高的离职率会使农企无法持续稳定地经营。特别在今天，压榨员工、工作强度过高的黑心企业在日本是无以维系的。以前在农村把员工当牲口使唤的做法早已脱离了时代。

所以，我们需要学习如何建立双赢互利的雇用关系。这也是在农企中能学到的。

▶ 第七条：学习票据账簿的登记方法

登记账簿也是必学技能之一。为此，应尽可能参与和了解"卖了多少钱，花出了多少钱"。

我在入职了之前的公司之后，第一个想了解的就是公司每天的营业额是多少。

虽然这么想，但当时我也不知道该问谁，就先向身边的同事打听。然而，得到的回复都是"不知道"。每个人似乎都觉得只要自己能拿到报酬就好，公司的销售额之类与自己毫不相干。

于是我又询问了会计："我想知道公司的营业额有多少，该问谁呢？""我呀，我就知道。"

"太好了，终于有人知道了！"我刚高兴完，就听他说："稍等一下。"然后开始在电脑上查找数据，"有了，是 70 万日元。"接着我又问："那昨天呢？"他又重复道："等一下。"

那时我心想："哎呀，不是你录入的数据吗，为什么没记住呢？"

现实情况就是这样。就连财会业务的负责人也没能清楚掌握公司的营业额。

据说，对数字敏感的人善于做管理工作。相反，那些对数字不敏感的人可能就不适合管理了。如果打算独立创业的话，你至少应该有一个目标数字。

假定你的销售额目标是 1 亿日元，那么平均每月必须销售833 万日元。如果每个月营业 25 天，平均每天就必须销售 33.3 万日元。这意味着，你需要通过登记账簿来确认每天、每个月是否达到了既定目标。

如果你认为"这样做很麻烦"，则难以独立创业。我们前面提到过，"要对数字敏感"，所以至少应该学会如何登记票据和账簿，掌握自己相关工作的金钱收支情况。

▶ 第八条：抓住赚钱机会

这里所说的"赚钱机会"是指"能变现的机会"，或者"增加收入的机制"，也可解释为"赚钱的诀窍"。事实上，即便同样是种植农业，种植菠菜、萝卜或白菜的赚钱机会也是各不相同的。

例如，过去我自己搞菠菜种植时，附近既有种植萝卜的老伯，也有种植白菜和西红柿的前辈。大家经常聚在一起喝酒聊天，有一次我们聊到了一个话题。

种菠菜的我说："萝卜是应该挖出来以后立刻清洗吧。但是菠菜不洗也可以，所以绝对是种菠菜更容易些。"

种萝卜的老伯说："萝卜洗一洗就行。但是白菜可是很沉的。那么沉的白菜搬运起来会很费劲，不应该种白菜。"

种白菜的前辈说："萝卜不洗不行吧？菠菜必须装袋吧？相比之下，白菜直接装入纸箱就行。从工作效率上来看白菜肯定最高。"

种西红柿的前辈则说："你们的菜都不行。又沉，又得清洗，又需要装袋……相比之下，西红柿采收以后直接就能运输发货，既轻便又易于搬运，马上就能变现。没有比这更轻松的了。"

就这样，我们每个人都坚持"我的最好"。事实上，这就是赚钱的诀窍了。

例如，我们感觉："种萝卜简直是地狱。一个一个地清洗太累了。"而种萝卜的前辈则觉得："可能你们认为很麻烦，但洗一洗就能变钱了。这时你们还会觉得清洗萝卜很麻烦吗？"

正是因为他不觉得洗萝卜累，才能通过种萝卜赚得了财富。这就是他的赚钱机会。

每个人都有自己的赚钱诀窍，在其他人不喜欢或觉得辛苦的事物中，就隐藏着赚钱机会。

那些能开拓赚钱事业的人，其特点是善于从谈话中、语言中、信息中寻找麻烦的、辛苦的、艰难的、苦恼的事情，然后找到对应的解决方法。

农业也是如此，其中有很多辛苦的、令人苦恼的事，所以才有商机。大家在一起兴致勃勃地聊天时，赚钱的机会就会渐渐浮现出来，给你提供更加赚钱的灵感。

这一点也与下一条的"构筑人脉网"息息相关。

▶ 第九条：构筑人脉网

最后，做农商不可或缺的一点就是"人脉网"。

在独立创业时，最重要的是人际关系网。如果没做好从别人那里获得知识和信息的准备，是很难成功的。

另外，新建一个自己的人脉网，比在农企中构建的人脉网更加重要。

开始独立创业时，你通常是以新人的身份加入当地农业。该地区有着血缘关系构成的传统社会体系可能仍然存在一些排他倾向。

但是不必害怕。只不过是因为彼此不了解，所以才感觉到有障碍，实际上并不是每个人都想干掉新人……

要想在其中建立自己的交际网，总之要多与人会面，向其他人推销自己："我绝不是什么怪人。"

一般说来，有过农企就职经历，觉得自己"可以独立创业"的人，应该已经融入了当地的交流圈子，能够迅速扩展新的人脉网。

农业并不是建立在城市中心的商贸经济（虽然有些工厂是都市中的植物工厂……），且大多数都建在农村地区。

那么，在农村地区必定会有一些举足轻重的人。与这些有影响力的人交往，也是农商成功的秘诀。

与从事销售工作的人一样，我们通常要下功夫考虑如何与拥有决定权的关键人物建立联系。

综上所述，如果你在一家农企进修期间还没有准备好以上九点，我建议你还是继续留在现在的公司或者转到其他行业为好。

虽然前面多次强调了"农业好，一起来挑战农商经济"，但我还是要说，如果不满足以上九个条件，是很难独立在农商中获得成功的。

我们绝不能勉强自己。

第四章

农业创业
成就个人事业的中流砥柱

从个人农业走向集体农业

2005 年出版的《蓝海战略：创造一个没有竞争的世界》[①]中，将现有市场空间称为"红海"（红色海洋，血债血偿的竞争激烈领域），书中阐述了我们今后应该开拓没有竞争的未开发的"蓝海"（蓝色海洋，没有竞争对象的领域）市场。

可以说，在日本萌动的新农商正是没有竞争对手的未开发市场，是"蓝海"商业本身。但在这里我想重申，那并不意味着我们可以"不劳而获"。

做农业能赚多少钱呢？现在，让我简要地描述一下农业中的资金流动情况。

以蔬菜为例，"种子价格的 50 倍"差不多是农民的收益。例如，菠菜的种子是每粒 0.2 日元左右，1 株菠菜卖 10 日元。一袋装 5~7 株，农民以每袋 50~70 日元的价格出售给分销商。超市的售价在 100~150 日元。

这意味着，消费者支付的金额中有一半会流入农民的账户。

听到这里，有人可能会想："经销商和超市从中抽取的费用很高啊。"经销商有劳动力成本，超市也有无法及时出售要承担

---

① W. Chan Kim，Kenee Mauborgne 著．有贺裕子 译．Random House 讲谈社

损失的风险。他们如果不抽取利润的话就无以为继了。

农民则是用成本 1 日元的种子获得了 50 日元的收入，赚了 49 日元。不过他们需要支出肥料费用，大约是 2 日元。其余的 47 日元，还要用于购买农具、修缮塑料大棚，以及设备投资等，很难有富余。换句话说，如何减少浪费、尽可能地把钱留在手里是关键。

农民的支出大部分用在了设备投资和劳动力成本上。例如农户各自独立作业，则每家每户都需要花钱买设备。如果能让五家农户联合作业的话，设备成本就会缩减为五分之一。因此，我们必须通过减少各方面的浪费和扩大规模来降低劳动力成本，以增加利润。

新农业也基本上处在这个延长线上。通过组织化实现省力化、效率化、合理化，再通过扩大规模实现利润最大化。也就是说，新农业的目标是从个人农业转变为公司农业，即建立所谓的团队农业。

当然，农业的做法也需要进行变革。

传统农业以个体农民作为主要劳动者。然而，在实践团队农业时，"导演"的工作就变得十分重要了。例如，以前"养乐多"球队的棒球选手古田敦也身兼选手和管理者两个角色。但是随着组织越做越大，管理者和队员的身份自然需要分离。

也就是说，当组织体系已经成长到可以参加比赛时，必然会从队员中产生管理者。

此时，管理者的工作是"建设组织的基础"。

例如，与金融机构交涉、维护农场环境等。或者参加选拔会议，发掘优秀员工。

　　被选中的球员会有自己的棒球手套，但同时公司应该提供球棒和球等，为他们创造良好的工作环境。为了最大化地发挥人才的价值，进行投资和教育是必需的。

安装必要的"客户需求"客户端

我们在前文中多次提及，其实在个体农户中也有许多优秀的人才。拿棒球来比喻的话，他们会自己做教练，自己准备棒球手套、球和球棒去参加比赛，其中有些人甚至自备球场，赚到了 1000 多万日元的巨额财富。

与这些能人为伍是很辛苦的。毕竟，他们一开始就从父母那里继承了棒球手套、球棒和场地，在农业种植方面是职业选手。所以，刚组队的人跟他们对战，是很难取胜的。

然而，这样的务农职业选手却很难打出一个本垒打。他们每个人都很自信，想一击命中，他们一遍遍挥舞着球棒，也会果断地盗垒，却很难赢得比赛。

这是因为他们没有安装名叫"客户需求"的新型客户端。

新农业的最大优势就在这里。

新农业的关键是把"提供客户想要的东西"作为最大目标。当客户说打个"触击球"，就必须触击短打。当客户说"这里要击跑配合"，就必须执行。

也就是说，为了努力实现客户需求，必须制定出相应的战略，举团队之力完成目标。而管理者（经理）将担任这一角色。

如果认识不到这一点，只是胡乱地挥舞球棒，即使是和专业的个体农户对战也没有胜算。

从某种意义上可以说，以农协为中心的传统农业也是一种团队合作。但其仅限于生产农作物并运输到消费者手里，而没有反过来去主动获得固定客户群，努力按照客户的需求提供农产品。

农协团队中的每一个人都拥有相当大的潜力。当然，正在按照消费者的需求从事农业种植的人也不少。

然而，在此之前他们却没有认真倾听客户的需求。这是因为农协这一组织是由农户（协会成员）平等组成的，每户各持一票。

例如一个由 10 家农户组成的农协接到"萝卜 1000 根，每根价钱 100 日元"的订单时，如果能顺利达成一致"每户生产 100 根"还好，其中只要有一户不同意，就达不成协议，接不了订单。或者，得到全体农户的认同需要花费相当长的时间。

这种速度在这个快节奏的社会里是致命的。果蔬业讲究新鲜度，当来了一个"明天需要 100 根萝卜"的订单时，你如果回复"稍等一下，我现在召集农户开个会"，然后再决定是否接单，早就失去了商机。

这就是新农商得以迅速扩大市场的原因。

以往，超市等大型客户一直在寻找适合其流通销售模式的农协，却很难找到。

这时，安装了"客户需求"客户端的新农商从业者们出现了。

话说回来，今天就职于普通企业的男女员工，大多数人都安装了"客户需求"客户端。不考虑客户意愿的商业贸易是根本不存在的。而新农商所需要的正是这些人才。

这就是我鼓励大家来挑战新农商的原因。首先,从赚取1000万日元开始,接下来我将介绍一下具体做法。

别从干不下去的农户中挖掘人才

现在，许多年龄在 30 到 35 岁之间、就职于普通企业、有一定贸易经验的人，大多都有几个部下，率领着某个小团队。

对于这些人来说，雇用几个人组建一个农业团队是轻而易举的事。主要是因为他们有能力成为新项目团队的领导者。

例如，在目前就职的公司里如果被交办："做个农业项目吧。你当经理！"他们很快就能做出一个策划方案。只要考虑一下如何组建团队、制定策略、联系客户就行了。

然而，在组建团队时，"错误"的做法是依靠农民出身的成员。

如果是职业棒球，从其他球队挖掘球员，也许能组建起一支打赢比赛的球队。然而，如果抱着"因为是干农业，当然是去挖掘优秀的农民更胜一筹"的想法，那就大错特错了。

例如，公司里有一人出身农户。那么，你往往会因为"有务农经验"而想把他纳入团队。

但是，我们应该想，这个人为什么放弃了农业而来到现在的公司就职。如果他农业做得非常成功，足以维持生计，是没必要弃农从商的。

这意味着，他有可能是在农业方面经历过十连败而选择了放弃或者脱离农业。那么，你还要把这样的人纳入即将进军新农商的重要项目中吗?

退一步假设,你认为这种农户出身的人肯定要强于一窍不通的门外汉,从而把他吸收了进来。

也许在初始阶段,由于大家对农业都不懂,而他会详细讲解:"播种时这里是关键,这样做为好。"你会满怀感激:"不愧是农业专家呀,多亏听了你的建议。"

但是三个月过后,当项目组按照公司方针推进农业业务时,他的自我(个人的想法、做法)就会逐渐显露出来。

本来在农业中失败的人,就是因为没有"客户需求"意识造成的,所以他们无法按照公司的方针去实现符合客户需求的农业。

比喻成棒球的话,已经给出了击球的信号,虽然他嘴上说"我一定要打出个本垒打",但是并不击球,最后由于三击不中而被迫出局。

其结果是,业务逐渐陷入僵局。这是新加入农商或独立创业的农企在刚起步时容易落入的圈套。

我现在也可以理解自己当初在面试中屡屡失败的原因了。

我曾经是一个以自我为中心的个体农户,虽然个人能力强,却不懂团队合作。

回过头来自我反思,在刚入职公司时,我还真是个自满任性、不听从别人意见、不服从命令的员工。

要想年入 1000 万日元应该怎么办

如果你终于创办了一家农企，那就必须下定决心："每年要赚 1000 万日元！"

具体来说，经营者如果想获得如此多的收益，至少需要达到 "1 亿日元的营业额"。而要经营这种规模的农商，至少需要包含兼职员工在内有 10~12 名员工。

只有组建起这么大的阵容，才能确保经营者自己能赚 1000 万日元。另外两名高管将获得 600 万~800 万日元，普通员工获得 300 万~600 万日元，兼职员工获得 200 万~300 万日元。

也就是说，1 亿日元营业额中的大约 5000 万日元是总劳动力成本。

此外，这 1 亿日元中约 3000 万日元要用于生产，2000 万日元用于销售管理（营销费和一般管理费用）。这样正好能达到收支平衡。

在公司成立之初，必须投资设备，这些也得计入成本。

在设备投资回本之前，需谨慎行事。随着销售管理费用逐渐减少，利润将慢慢增加。不过，在设备投入回本时，公司一般会随着业务顺利运作而开始进入扩张期，往往需要再次追加投资。

总之，农商的成功方程式是"劳动力成本：生产成本：销售管理成本=5∶3∶2"。

说到这里，有些人可能会说："在5000万日元的劳动力成本中，我愿意降低自己的报酬，提高辛苦劳作的一线员工的酬劳。"这种精神值得称赞。

但我建议："应该提取1000万日元作为给自己的报酬。"

当然，我们必须考虑员工的生活，需要努力提高他们的薪酬。那些通过降低员工的工资把自己的报酬提高到2000万日元的经营者是令人唾弃的。没有人会追随这样的老板。

但我还是要说："需要把1000万日元作为自己的报酬。"这是因为，首先你自己获得了1000万日元的报酬，才能确保员工过上体面的生活，然后确保组织的持续发展，否则很难实现下一个飞跃。

此外，我前文刚说过，要想获得1000万日元的报酬，那么公司一年的销售额必须达到1亿日元，而1亿日元的销售额是一家公司能否稳定发展的分界点。

为了保证每年1亿日元的销售额，我们可以与一家公司合作将营业额做到1亿日元，也可以与10家公司合作将每家的营业额做到1000万日元，或者与20家公司合作将每家的营业额做到500万日元。无论采用哪种方式，只要营业总额能达到1亿日元，公司经营就会平稳安定。

这是因为，当交易额增长到这种规模，无论对于公司还是对于客户，双方都已经成为对方无可替代的合作伙伴。

毕竟，交易的对象是农产品，即所谓的"消耗品"。因此，必须 365 天不间断地供货、进货。其间不太会出现"我们不能再和山下先生做生意了，要马上寻找下一个合作公司"的情况。彼此的关系分也分不开，割也割不断。

如此一来，资金运转趋于平稳，当然会产生利润，所以公司经营自然也就稳定了。

一旦达到这种水平，公司业务只会蒸蒸日上，而不会下滑。除非出现不正当造假行为、胡乱投资，或者伪装欺诈行为，否则公司将稳如泰山。

当然，不仅如此。我希望更多的经营者能赚到 1000 万日元，以创造更美好的农业。

现在我们经常听说"农业缺少继承者""孩子不想从事农业工作"等。因为人们对农业没有美好的憧憬。

为了让年轻人对农业怀有憧憬，我希望大家能不断地创造辉煌，让他们相信"农业能造就 1 亿日元营业额，我们能获得1000 万日元的报酬"。

进一步说，如果营业额能持续增长，我希望企业做大做强，保证骨干员工也能获取 1000 万日元的报酬。这样的薪酬水平相当于在大城市的大型企业中担任部长级别了。

我称这样的农企为"模范农企"。并不是说要炫耀自己赚取了 1000 万日元，而是希望能鼓励年轻人一起加入农业，为下一代铺路。

如此一来，"模范农户""模范农企"不断产生，向世人展示农商的魅力和可发展性，会促进人们重新思考在少子化、老龄化背景下，支撑日本经济动力之一的农业将走向怎样的新型发展之路。

那么，接下来让我们具体思考一下如何在农业领域实现 1 亿日元销售额的目标。

方法一：寻找合作伙伴

终于说到应该如何创建一家销售额达到 1 亿日元的公司了。

例如，你以 B to B（企业对企业）的形式与合作伙伴签订了一份西红柿经销合同。假定一箱西红柿的价格是 1000 日元，合作伙伴能采购 10 万箱，那么你的营业额就是 1 亿日元。

也就是说，找到能订购 10 万箱西红柿的合作伙伴是大前提。

当然，你的合作伙伴不必仅限一家。可以是 10 家合作伙伴，每家订购 1 万箱，或者能订购 3 万箱的 3 家公司再加上能订购 1 万箱的 1 家公司。

总之，当你找到可以采购 10 万箱单价为 1000 日元商品的人（企业）时，就可以绘出蓝图（业务规划）了。

具体来说，怎样才能收获 10 万箱西红柿呢？这需要反过来推算一下。

农产品并非终年都能收获。有的地方冬天采摘，有的地方夏天采摘，有的地方春天采摘，有的地方秋天采摘，各地的收获时期都不同。在这里，我们还是以西红柿为例进行说明。

西红柿的收获时间最长可达 10 个月，当然有些地区是 8 个月，而有些地区只有 6 个月。为了便于计算，我们暂且将收获时长定为 10 个月。

那么回到正题，如果每年要供货 10 万箱，粗略计算下来每个月供货 1 万箱即可。假设每月有 20 天可发货，意味着每天要发货 500 箱。

为了保证每天出货 500 箱，假设 1 箱能装 20 个，那么我们需要保证每天有 1 万个挂在枝头的成熟西红柿可待供货。如果以 1 株西红柿每三天可以收获 1 个来计算的话，大约需要种植 3 万株西红柿。那么，需要有 2 万平方米的塑料大棚用来种植这 3 万株西红柿。建造 2 万平方米的塑料大棚又需要多大面积的农田呢？答案是 2.5 万平方米。

此外，除了自己以外，你还需要从事会计、营销、种植作业等的员工 9~10 人。

这样，你的规划蓝图就会逐渐具体明晰起来。接下来，就是"要想实现这些，到底需要花多少钱"的问题了。

方法二：白手起家需要 7000 万日元

　　粗略计算一下，建造 2 万平方米的塑料大棚，框架搭建费至少需要 5000 万日元，其他机械和栽培材料需要 2000 万日元，总计 7000 万日元。

　　这意味着，从零开始白手起家，如果要创造 1 亿日元的西红柿营业额，至少需要 7000 万日元的初始投资。

　　但是，要拿出 7000 万日元现金绝非易事。一般情况下是采用融资后分期偿还的形式。因此，要妥善管理劳动力成本和生产材料成本，确保利润增长。

　　经常有人问我："山下先生，农业生产需要多少钱？"我会回答："如果你想卖 1000 万，初始投资需要 1000 万。如果你想卖 2000 万，则需要 2000 万。"

　　当被问及："那么，1 亿销售额也需要投入 1 亿吗？"我会回答："那倒不必，创造 1 亿日元的销售额只需要投资 7000 万 ~ 8000 万日元。如果销售额想达到 10 亿日元，则需要投入 5 亿~6 亿日元。"即规模越大，所需的资本投入越少。

　　即使如此，1000 万日元的营业额就需要投资 1000 万日元，这个数目可不小，需要相当大的决心。

　　不过，从事农业也会有很多补助金。

　　例如，最花钱的设备投入之一是拖拉机，大约需要 500 万日元。此外，如果再购买一些其他必要的农业机械很快就到 1000 万日元左右。其中约三分之一的费用可能会得到政府补贴，但政策每年都在变化，需要跟当地政府确认清楚。

在前面提到的 1 万个西红柿的案例中，我说需要投入合计 7000 万日元的费用，如果将补贴计算在内，则大约需要 5000 万日元的投入（根据地方政府、补贴制度和年份变动会有上下浮动）。

然而，5000 万日元仍然是一大笔钱。制订商业计划，从金融机构贷款的话，假设十年内还清，那么除了利息以外每年必须偿还 500 万日元。

可能有人听到这个数字就打退堂鼓了："那么多钱我可还不起。"也有人会说："有那些钱不如开个拉面店或咖啡馆呢。"

但是，还有其他更好的方法。之前所说的都是投资购买新农具，其实还有更聪明的做法。

方法三：要有"共享经济"思维

本来，以加入现代农商为目的，按照我的建议先找一家农企就职并努力存钱的话，最多也只能存下 200 万~300 万日元。有些人拼命工作，能攒下 2000 万日元然后入行农业，但这只是极少数案例罢了。此外，应该也没有金融机构会随便放贷 7000 万日元吧。

因此，我们需要改变思维，拥抱"共享经济"，即共享个人持有的闲置资产，有效地加以利用。

最极端的做法是，全部设备都采取租用的方式，或者直接购入二手设备。

首先，拖拉机并不是全年 365 天都会用到，事实上每年只用几次即可。如果你说句"3 万日元借我用一次"，对方会很乐意租给你的（前提是你和他们建立了良好的人际关系……）。

换句话说，即"从一开始就要以租用为前提做规划"。

如此，就必须建立各种人际网络，收集信息，同时在农企积累经验。

此外，塑料大棚也可以不必新建，很多时候附近就有二手塑料大棚可以利用。

如果能租过来的话，那可是一石二鸟之举。随着越来越多的农村人口外出务工，全国很多地方都有这样的二手资源可利用。

　　即使互联网已经普及到今天的程度，但是如上资源信息在网上也很难查到。这些信息只掌握在当地人、农场主，或者地方掌权者手里。所以，最终人际关系才是关键所在。

方法四：从研讨会、指导会上搜集信息

的确，对于现在的年轻人来说，农业可能很难上手。毕竟农业中有太多的事情他们不了解、不明白。更何况，农业还土里土气的……

然而，一旦进入农业，遇到很多熟悉农业的专家后，很多人就改变了想法："这个地方了不得，是个大宝矿！"

带着一点勇气和运气加入农业界之后，会有很多人笑脸相迎："欢迎欢迎，我们一起来创业。"市场方面也会热情欢迎你。

大家是因为没有实际接触过，才会感到担心："干了农业的话，我的人生就乱套了。""听说如果踏入农业界一步，就会丢魂呢。"简直把农业形容得如同鬼怪世界一般。

的确，有很多人经历过一些不愉快的事情。例如去询问一些事情时，老农户们会不耐烦地大吼："农业可不是那么容易干的。就凭你，还差远了！"去行政部门咨询也只会被要求填写一大堆奇怪的表格罢了。

然而，时代正发生着急速的变化。

越来越多的人说："我按照山下先生说的去做了，大家都很热情，能租到拖拉机真的太好了。"

通过阅读本书，我希望大家能知晓，新农商是一个人间乐园。

而且我多次提到，实际到从事农商的企业去就职是了解农商最快的方法。近几年，由各地农政局等单位主办的"农业就业指导会"正蓬勃开展。

"农业就业指导会"一般是在夏天举行，利用这种场合与农企的社长见面聊一聊，你就能意识到本书所言不虚了。

方法五：与金融机构建立伙伴关系

在资金贷款方面，也出现了新动向。

昔日，当我们提出"我要开始做农业，想申请贷款"时，大多银行都不理不睬。

然而，最近银行也成立了"农业解决方案部"，积极为企业提供融资服务。金融机构渴望寻找合作伙伴，计划投资农业。

现在，一般企业由于很难获得银行贷款而开始把目光投向了农业领域。这种情节在过去简直是天方夜谭。

不过，这当然不意味着任何人都能得到贷款。如果只是随便说一句"我想种出美味的卷心菜"，银行是不会放贷的。

我们需要做出逻辑清晰的具体说明："我计划经营一家交易额达1亿日元、年收入1000万日元的企业。为此，我制定了这样的规划。"这样才能进入融资评估环节。

经常有金融机构的人问我："山下先生，我们想投资农业，今年计划投资100亿日元，有推荐的公司吗？""有什么拥有商业意识的合适人选吗？"

他们寻找的伙伴不是"农民"，而是以新农业为目标的"贸易伙伴"。

"有合适的人选吗？"这句话背后隐藏的真正含义是，"有人能提出一个持续赢利的商业计划吗？"或者"能推荐有商业头脑的农民吗？"

从金融机构的角度来看，它们希望找的是能够多迎合"安倍经济学"中的增长战略，将农业视为"增长型产业"的人。

因此，即使我认识能种出美味萝卜的人，如果他不能从商业视角理解农业，介绍给金融机构也无济于事。而如果有人提出："我一直就职于金融机构，现在想转行做农业。数字上我是这么计算的……"此人能够详细地列出 5 年期或 10 年期的商业计划，那么他就是金融机构最想见到的人。

你需要具体且明确地制订如下计划：

首先与有农业经验的人合作，获得技术支持。

⇓

培养三名农业技术指导者，三年后由每人负责一个销售额 3000 万日元规模的农场。

⇓

与能够斡旋农地的当地掌权者 A 建立人脉关系。

⇓

农产品的客户方是××和××，签署了××合同，预计营业额有××，还款是以××方式进行……

这种交涉与在普通公司向社长提出新项目规划完全相同，明确了人员、货物、金钱、信息和时间。

　　你要勇敢尝试提出自己的策划案，如果被金融机构的负责人指出不足，相应地进行修改即可。

　　这与普通公司中与领导进行的互动过程完全相同，并非难事。

方法六：利用农业基金

最近，我经常听到"农业基金"和"农业发展基金"这种词语。

农业基金是一种共同基金，运用农业相关公司的股份进行投资信托，主要投资对象包括生产化肥和种子的企业，经营大型农场的企业，生产、销售农业机械和灌溉设备的企业等。在日本，农产品的销售方，如超市、食品制造和零售商、餐饮店和当地建筑公司等，也正在积极筹建基金。前文介绍的"松山香草农园"的松本社长就很好地利用了农业基金。

日本政府也在大力推进这一举措，于 2018 年启动了"日本农业法人投资育成制度"。

具体来说，日本政策金融公库根据《促进农业法人投资便利化特别措施法》（《投资便利化法》），面向实施农业法人股份收购和管理指导等事业（农业法人投资育成事业）的投资主体（股份公司或投资业务有限责任组合）进行投资。

能够获得这笔投资的往往是成立了投资业务有限责任组合并且其农业法人投资育成事业计划已获得农林水产大臣批准的民间金融机构。换句话说，民间企业可以通过接受日本政策金融公库的出资，分散投资风险，向农业法人投资。

在该制度下，2018 年 4 月 1 日，设立了如下投资基金公司

（［　］内是日本政策金融公库之外的投资者）。

①农商投资育成株式会社［全国农业协同组合联合会(JA 全农)、全国共济农业协同组合联合会(JA 共济联)、中央农林金库、全国农业协同组合中央会(JA 全中)］

②北洋农业支援基金投资事业有限责任组合［北洋银行］

③岩手银行农业法人投资事业有限责任组合［岩手银行］

④庄银农业支援基金投资事业有限责任组合［庄内银行］

⑤栃木银行农业法人投资事业有限责任组合［栃木银行］

⑥北陆农业育成基金投资事业有限责任组合［北陆银行］

⑦三银农业法人投资事业有限责任组合［第三银行］

⑧中银农业基金投资事业有限责任组合［中国银行］

⑨伊予常青农业支援基金投资事业有限责任组合［伊予银行］

⑩爱媛农业基金投资事业有限责任组合［爱媛银行］

⑪FFG 农业法人成长支援投资事业有限责任组合［福冈银行］

⑫KFG 农业投资事业有限责任组合［肥后银行、鹿儿岛银行］

⑬大分农业法人育成基金投资事业有限责任组合［大分银行］

⑭信用组合共同农业未来投资事业有限责任组合［北央信用组合、秋田县信用组合、岩手信用组合、赤城信用组合、君津信用组合、第一劝业信用组合、丝鱼川信用组合、都留信用组合、笠冈信用组合］

近年来，日本经济产业省的中小企业厅开始支持中小企业和小规模事业者，以响应安倍政府推动的"工作方式改革"。

虽然到目前为止没有设立专门的农业类别，但最近中小企业厅的扶助和补贴中加入了"农业服务"项目，正积极推行"工商业和农业的无界化"。

我希望大家特别留意一下金融机构和商工会举办的农业活动。最近，银行主办和赞助了不少将农业人士与市场联系起来的"商业合作洽谈会"，商工会议所也在四处举办"加入农业研讨会"。

从这个意义上说，以上述角度切入也是一条可行之路。可以尝试在互联网上查找相关信息。

在开始做农商时，正如我前面提到的，一种做法是利用"共享经济"来降低风险，另一种做法则是我现在所说的从一开始就利用基金来挑战一门大生意。

然后，一旦贷款实际到位，人员也配备齐全，正式开启了业务，接下来就是执行 PDCA 循环了。

如果你想创造 1 亿日元的销售额，就必须找到有相应实力的公司作为贸易对象。如果一家公司不行，就找 10 家公司，每家公司做 1000 万日元的交易即可。

当然，实际开展业务并不会一帆风顺。在经营过程中有许多需要改进的地方，因此必须制订为期三个月或六个月的计划，观察每月的财务决算情况，以此来决定如何解决存在的问题。

如果能一步步地消除问题，保持稳步前进，你一定会到达泰山之巅。

方法七：打造自我品牌

我在帮助冈山的一家公司时发生了一件事。当时有家公司来咨询要进军农业的事。虽然公司以建筑业为主，但我还是向社长建议："农商领域现在大有机会，而且发展前景乐观。"

当我第二次拜访时，社长对我说："山下先生，事实上我们还没有开始干农业，就有人发来订单了。"

似乎是一家流通企业听闻该企业要开始做农商，马上就发出了邀请："如果贵公司要开展农业业务的话，请一定与我们合作。"

毕竟，该建筑公司有着良好的信誉和品牌力，所以即便他们还没种植过卷心菜或西红柿，仅仅是有传言说"他们想做"农业，就有人提出"一定想合作"的意向了。

换句话说，在果蔬行业提前确定合作关系（占领生产商）已成为常态。

这与"打造自我品牌"息息相关。要想提升自己的信誉度，就必须提高业绩。

"我在一家农企工作了三年，在此期间我成功地完成了这些项目。""在三年内，我把销售额从2亿日元做到了5亿日元。"我们需要做出这样的辉煌成绩，这在农业界就是品牌。

我想再次重申，金融机构需要的不是能种出美味蔬菜的能力。现在，我们评价的并不是你是否对种植蔬菜感兴趣，也不是独占鳌头的农业技术。

金融机构看重的是，你是否具有偿还能力，即是否有能力赢利。而如何证明自己具有这些能力，就需要依靠以往的业绩。

如果你被认定的确具有真正的实力，即使没能获取金融机构的贷款，也有可能拿到某个基金会的投资。因为基金属于投资，是对可能性的投资。现在有了这个选项，也许比获取贷款的速度更快。这意味着，你有以下三种方法可以开始进军农商。

①利用共享资源的理念和扎实的发展路径，低成本开始的踏实型路线（当然，这也许花时间，但从某种意义上说是一条不担风险的可靠路子）

②向金融机构展示自己以往的职业经历和成就，使用数值数据解释偿还计划的逻辑型路线

③展示今后的蓝图和发展前景，展示自己的创新能力以获得基金投资的热情型路线

以上三点，选择哪种路线全凭你自己决定。

不直接生产农产品的新农商

到目前为止，我们已经对"新农商"进行了诸多介绍，但我还想强调："我提出的形式并不是农业经济的全部。"因为农业经济的世界是更广阔的。

农业从以往的只种植农作物，发展到可以出售给其他农业从业者，再到将种植作业委托给他人，通过卖农产品来赚钱的商业业态。

借用最近的流行词来说，农业是一个"开放式创新"的世界。毫无关联的诸多领域人才聚集在一起，在合作与冲突中，诞生了新的农商形式。

这股潮流将在不久的将来逐渐变为惊涛骇浪。然后，从中诞生出谁也意想不到的农业经济。

例如，最近我们经常听说的"去工厂化经营"一词。

这是一种应用于制造业中的经营方式，指公司本身没有生产设备，而是将所有产品生产都外包给外部公司。这种商业模式诞生于硅谷。

在信息技术发展迅速的 IT 相关行业里，由于产品生命周期短，需快速随市场需求而动，往往采取高效管理策略，因此许多没有资本实力的风险投资企业在进入市场时，会选择这种不设生产设施的方式。

按照这个思路，根本不涉及农业生产的农商模式也是可行的。

事实上，一些公司已经开始了农业版的"去工厂化"经营。2016年11月在熊本县熊本市西区成立了一家名为"维生素颜色株式会社"的公司。

社长松崎三木先生最初从事物流业务，没有农业经验。该公司业务包括"农产品的批发和销售，以及农业基础设施的供应等"。在公司的介绍中没有"生产农作物"一词。 事实上，公司业务根本不涉及农业生产。

他们的商业模式是向签订生产合同的农户提供种苗和材料，租借生产设备，收集成品农作物，而后在公司工厂进行选果和袋装后进行销售。也就是说，称其为农业贸易公司更为恰当。

顺便说一下，该公司提供的生产设备使用了绿色系统（松下公司制造的被动式房屋农业系统），通过控制自然光、水和风等自然能源，尽可能在零能耗状态下平衡农作物周围的温度和湿度等。除了节省劳动力和降低成本外，还能实现菠菜等蔬菜的全年种植。这些蔬菜通常在温暖地区的夏季就无法种植了。

该公司还获得了"九州地区重建支援基金"的投资。该基金是为了支援2016年在熊本地震中遭受损失的公司而设立的，旨在为从事灾区重建工作的企业提供必要的资金和人力支持。

不断扩张的农商世界

以辅助者身份参与农商的路子也会越走越宽。

例如，擅长营销的人可以代替不擅长营销的农民进行策划和推销。他们就是"自由农商推销员"。

事实上，我有时也会被叫去参加商务会议。"有个商务会议，但我没有时间，再说去了也不知道该干吗。"这种时候，我就会受托前往。

"山下先生，您能替我去参加商务会议吗？"

"这是我们的产品，但我说明不清楚。山下先生，请您帮我编写一些吸引人的广告词，帮我卖掉吧！"

"我现在种萝卜，但我想知道有没有其他好卖的农作物。山下先生，麻烦您帮我问问市场需求。"

如此，我既是广告文案撰写人，又是活动筹办人，又是市场调研员。我要是打出"农商代理服务"的招牌，肯定会接到多得数不清的订单。

或者，农业的会计事务也可以作为目标。针对那些没有经费雇用专职会计人员的个体农户或农企，承接相关会计业务的自由职业也是有很大空间的。

另外，原金融机构的从业人员可以作为农业财务咨询或顾问，去帮助那些不善于与金融机构打交道的人。

除此以外，还有更多。

也许有人说："我们种植的菠菜要装袋后才能发货，但是包装袋的款式有点单调。"为了服务这些人，则可以考虑农产品专用设计师这一职业。

还有人说："合作的超市让我们做一个网页，以便消费者查看生产者的照片。请加急帮我们做一个主页。"为了回应这部分需求，农户专用网页的制作也能成为一门职业。

我们还能听到其他诸如此类的需求："我们农民家的儿子没有见过世面，所以想请你教教他。""我上次雇了一名员工，想请人好好教教他。"因此，农业专业人才的培训也蕴含着商机。

事实上，我自己经营的"农平台株式会社"既在帮助其他公司进行人员培训，也提供咨询服务。前几天就有人问我："山下先生，我想把我的产品出口到海外，不知道应该如何办理。"

对于出口业务，我没办法给出专业性指导，所以介绍了一个承办出口业务的专业人士。但是，今后以农业从业人员的海外研修、海外商务洽谈会为专门业务的宣传策划等工作，也会相继出现。

我在这里列出的这些工作，都还不是真实存在的，而是诸位现在所做的工作的一种演变或延伸。

例如，正在做运输工作的人，可以考虑农业专线的运输业务。或者在医疗机构工作的人，可以考虑设立农业医疗机构，或医疗与农业、农业和福利等相结合的业务形式。

在你现有的工作基础上与农业相结合，就能转型为新的贸易形式，而这些都与现金（收入）息息相关。

在农业界抓住"先行者利益"

正如我前文所说，日本农业正进入一个"开放式创新"的时代。其中还出现了不必自己务农也能从事农业贸易的一种新型商业模式。

但在不久前，日本农业界是禁止这样做的。大家会排斥道："真是不知天高地厚！自己都不耕田，还假装是农民，你觉得我们能同意吗？"

然而，《农地法》修订后，农业界也必须改变。

农户以外的人开始可以拥有耕地，越来越多的人从其他行业转行进入农业。相反，农民也开始搞起了物流运输等。

正如我前文所写的那样，随着这些变化，各种以农业为中心的新经济不断诞生。虽然会有一段时间的摸索试错，但毫无疑问，随着新业态的出现，农商经济将继续扩张，日本农业界将迎来更大的发展。

综观日本的农业、林业和渔业，我们会发现农业转型比林业、渔业都慢了一步。

例如，日本的林业总产值为 9000 亿日元，而林业从业人员则减少到了 9 万人。虽然林业人员的减少也是个问题，但人均产出确实在增加。

水产业也是如此。目前，日本水产业的总产值为 1.6 万亿日元，从业人员约有16万人，人均产值大致为1000万日元，可是个发财致富的优良产业。

而相比之下，日本的农业产值稳定在8万亿日元左右，而务农人口正急速减少。换句话说，人均产值正在增加，做农业能赚1000万日元的时代即将成为现实。

而且，随着人均产值的增长，新业态也正在迅速增加。例如，前文所述的代理销售、代理会客、代表调查研究或代办业务等。

传统农业的那种个体生产，从出售到营销，甚至财务和会计全都包揽的"自助生产系统"已经土崩瓦解，取而代之的是越来越明确的分工模式。

所有分工都能发展成一门生意。

自助生产的日本式说法是"家庭工业"。家庭工业转变为组织工业，就是所谓的"产业革命"。

日本真正的产业革命开端是明治维新后随着国家的富国强兵政策创立的富冈制丝厂。在那之前，从纺纱开始的所有工序都是由一人负责完成的，而通过分工提高了效率后，才实现了大规模生产。

从轻工业开始的日本产业革命，后来又扩展到重工业，日本经济得以长足发展，与世界各大国并驾齐驱。

其后经历漫长的岁月流逝。今天，农业界也发生了一样的变革，那就是分工化。

在第一产业的农业、林业和渔业中，林业和渔业已经开始变革。农业分工起步较晚，但发展速度远超林业和渔业。

原因是农业的经济规模比林业和渔业大。

犹如巨型油轮因为其庞大的体积很难改变行进方向，而一旦确定了方向它就会迅速提速，全力前进。农业也是如此。

农业被称为日本的基干产业，规模巨大，因此转换方向需要花费较长时间。但现在，农业正要迈出第一步。而且一旦决定了行进方向，它就不会停止，它一定会坚定地走向重组之路。

问题是，我们应如何顺势而动。分工化意味着各个领域都有一本万利的机会。是否能够尽早抓住商机将对结果影响巨大。

有一个词"先行者利益"，也称"先发优势"，指在时机上领先于竞争对手，快速占领新市场或快速推出新产品所能获得的利益。

简言之，在开始新业务时，领先于竞争对手赢得客户，形成"进入壁垒"，这时就可以不参与价格竞争，以相对高价销售，并在随后的发展中，在规格和技术方面掌握主动权，赢得更多利益。

农业界现在正潜藏着很多获得先行者利益的机会。了解到这一点并试图一展拳脚，开始学习农业的人正逐年增加。

然而，部分认真肯干的人想成为农业各个环节的专家，这种想法是不对的。

当然，在农商中通晓从播种到上市的整个过程非常重要。但是，我认为没有必要成为所有环节的专家。

我希望诸位能谨记，通晓农业各个环节的工作，只是为了便于你掌握农业工作的重点和方向。它只是在分工化的流程中协助你找到商机的一种手段而已，别无他用。

至此，我已经说明了如何自己创办农企并走向成功的方法。接下来在第五章中，我将介绍作为农商核心的农业咨询顾问的成功方法及技巧。

第五章

抓住新机遇

人们需要农业咨询顾问

本书阅读至此，诸位应该已经意识到了。

"什么？！现在的农业界和我们以往的认知真是大相径庭。日本的农业今后还会继续发生变革，其中似乎隐藏着更大的机遇哪！"

有这种感受的诸位，可以从各自的角度出发，例如作为供应商参与到农业中，或者作为经理人去制定策划方案，或者灵活运用自己的技能开展农业链相关业务。

不过，在本章我想跳过这些问题，只谈谈"如何成为农业咨询顾问"。

你可能会想："我连播种都没做过，突然要当农业咨询顾问，怎么可能呢？"

然而，在农业领域，即便没有任何农业经验，只要能灵活运用"你现在所掌握的技能"，就有很多机会。

如果你对农民说："我从来没干过农业，但我现在做农业咨询顾问。"很多农民可能会大怒："什么？！我已经干了三五十年的农活了，是这方面的专家。现在需要你一个什么都不懂的人来教我吗？不自量力！"

然而，在新型农业时代即将到来的今天，越来越多的人在农业现场陷入了困境，进退两难。或者说，许多人没有机会接触各种信息，从而意识不到新的商机。

对于这些人来说，如果有人能提出"我可以利用自己的强项来协助您"，这是一件大好事。

当然，以往并不是没有人去协助农民。例如，农协的农业指导员发挥了一定作用，地方政府也有农业推广人员。这些人担负着教授农民农业技术的职责，是传统农业样态。

但是今后不断发展的新农商所需要的不再局限于如蔬菜的种植方法和病虫害的防御方法等"农业技术"。

除此以外，还需要能协助农民"如何匹配顾客的需求"、"如何与超市等经销商进行谈判"，或者"如何与物流商交涉，以低价运输自己的商品"等，这些都是传统农业没有涉及的新需求。

但是现在，即便有人能像以前一样教授农业方法（这些人提倡的都是传统农业），却几乎没有能教授新农商相关知识的农业咨询顾问。因为新农商刚刚起步，这种状况也在情理之中，但是我对此却深感不安。

我来解释一下原因。

现在，想挑战新型农业的人如同新组建的少年棒球队的球员。培养优秀的球员需要一个好的教练，但教练不一定全是上一代职业棒球运动员。相反，生活在不同世界的人可以更好地指导他们适应新时代并带领团队创造新的风格。

今后，在各个领域拥有宝贵经验的人都可以作为以新型农业为目标而组建的少年棒球队的教练，支持"少年们"顺利进入新型农业领域，培养他们成为符合新时代的教练和领队。否则，日本农业可能会一直停留在旧时代。

这就是为什么需要一位农业咨询顾问来作为支持新型农业的教练。

那么，什么样的人适合担任农业咨询顾问呢?

直截了当地说，只要是真正掌握一定技能的社会人、商人，谁都可以。

不必懂得如何种植蔬菜，也不用知道如何开拖拉机。时代发生了变化，一个人只要拥有在普通公司中被认可的某种技能，就可以用自己的知识支持新型农业。

因此，我可以大声说:"你可以运用目前拥有的技能，作为农业咨询顾问去支持新型农业。让我们一起携手来做农业咨询顾问吧!"

数年后将是农业咨询顾问的时代

人们常问我："山下先生，今后会迎来农业咨询顾问兴盛的时代吗？"我满怀自信，十分肯定。

这用不了多久。诸位可以将通过本书获得的认识言传身教给身边的人，我们一起来加速农业咨询顾问行业的兴旺进程。几年后，农业咨询顾问将得到社会的广泛认可。

到那时，有些人可以利用 IT 技术支持农业，有一些人则可以作为外国劳动者的翻译提供支持。或者，也有些人会担起教育新型农业人才的工作。总之，一切都从现在起步，包括销售人员、商业人员、设计人员、就职于服务业或制造业的人员等，所有的技能都有用武之地。

因此，如果想挑战新型农业，打算成为一名农业咨询顾问，我希望诸位坚持走完第四章中所讲述的路线。

例如，"我决定三年后成为一名农业咨询顾问"，那么你首先要进入一家农企工作，在"我要将经历和学到的知识，全部传授给其他人"的思想指导下虚心学习。因为如果学不到真本领，是无法教给其他人的，所以要将这一点作为前提。养成了这种习惯，你一定能掌握成为农业咨询顾问的基本技能。

今后，农业咨询顾问将成为热门工作！

不断发展的农商经济

前文提到过，日本现在大约有 2 万家农企。当农企数量增加到 5 万家左右时，农业的分工化将迅速推进。因此，需要每个领域的特定专业人员。

首先，在新型农业中我们需要有"共享经济"思维，这个我在前文中已有阐述。

如果要从零开始干种植农业的话，那么你"从一到十都得自己亲力亲为"，必须有拖拉机，必须有水稻种植机，还必须有农田。初期投资金额巨大。这一点我也进行过说明。

因此，我们想到了好办法，那就是资源共享。

例如，一台拖拉机如果由 10 人共享使用，成本就会大大降低。或者，如果能做到"除了拖拉机，人员也共享"，就可以提高效率，增加收益，员工也可以获得更多报酬。

同样，农田也可以共享。

"你夏天种地，但冬天不用吧？ 那冬天可以把地租给我吗？"这种做法也可以考虑。

此外，合作伙伴甚至也可以共享。

"你现在是把卷心菜卖给 A 公司的吧？ 我正在种菠菜，可以把 A 公司的渠道分享给我吗？另外，我是把菠菜卖给 B 公司的，我可以把 B 公司分享给你，这样你不就能把卷心菜卖给 B

公司了吗？"

如果一切进展顺利，对于 A 公司和 B 公司来说，只需要对接一个窗口即可，他们会很欢迎的。

然而，事实上，要实现这样的共享经济是很困难的。如果协调不好各自的利益，建立不了信任关系，则很难达成合作。这种牵线搭桥的中间人并不好做。

于是，对农业咨询顾问的需求应运而生。

事实上，上述例子只是我经手过的案例中的一小部分。在成功建立合作关系之前，我花费了相当长的时间和巨大的努力，最终达成了和谈并得到了他们的感谢。此外，还有很多其他的咨询需求。

这就是为什么我要大声疾呼："现在是农业咨询顾问发挥作用的时候了！"

防止悲剧发生也是农业咨询顾问的职责

我反复地强调，新型农业不仅是一门生产蔬菜的生意，而是各种各样的商业综合。但是，当听到"农商"这个词时，一般人首先想到的还是农作物的生产加工。

例如，"大量种植西红柿，余下来的再做成番茄汁销售"的想法就是农商经济。实际上，政府也在大力提倡："为了增加农业收入，需要积极地开展初级加工、二次加工。"

但是，农业咨询顾问——"农平台"的山下会说："这么做绝对不行！是错误的，大错特错！"

为什么这么说呢？首先，因为没有人想要这种产品。"我做了美味的番茄汁"，也只是一个生产者的自以为是，因为只有他本人觉得美味。

而在消费者看来，"还有其他可取之处吗？""这与其他饮料有什么不同？"结果并没有达到预想的畅销效果，生产的大量产品只能成为库存。换句话说，这是一个不了解"顾客需求"的人所做的错事。

除非有人（例如大型零售商）提出合理化的产品建议，并给出具体需求："可以以××条件，用××的创意，以××为目标制造出美味的番茄汁吗？"否则千万不要随意出手。

也许你会说，以"Pom橙汁"知名的"爱媛饮料株式会社"，最初不就是由农协组织生产并取得成功的吗？但那是在爱媛的农户们努力生产的基础上，有大规模生产助力才获得的成功。

"Pom 橙汁"一瓶（1 升）的市价约为 380 日元，而一家新成立的农企只生产 1000 瓶的话，价格是怎么也做不到 380 日元的，恐怕要提高一倍以上才能赢利。

价钱高出市价一倍的商品是卖不出去的。所以农企无论如何努力去生产番茄汁和蔬菜汁，也比不上可果美的番茄汁和伊藤园的蔬菜汁，道理是一样的。

严格来说，农业生产者从方便自己的角度生产的产品永远不会成功。

尽管如此，还是有人想通过获得补助金来一决胜负。然而，政府对制造业和二次加工产业的补贴并不多。

假设你获得了大约 100 万日元的补贴，备齐设备后暂且生产了 100 瓶果汁，然后批发到超市和公路服务区，以勉强能收支平衡的 300 日元定价出售。

起初，由于其稀缺性也许能卖出去。然后，你接到了追加生产的订单，开开心心地决定即便没有补助金也要增产 100 瓶、200 瓶。

然而，渐渐地人们对产品失去了新鲜感。你的果汁变得无人问津，销量递减，剩下的只是不断增加的库存，堆积如山。如此一来，就产生了大额赤字，你被迫停产。这样的例子比比皆是。

经常有人来到公司向我咨询："我想生产和销售这样的产

品。"我试喝了一点，的确很美味。

如果是在经济高速增长期之前那个物质贫乏的年代，可能会畅销。然而现在，市场已经饱和，仅便利店就有 6 万家。与大企业抗衡需要占有多大份额的市场才行呢？这就如同投身于充满了杀戮的"红海"，是一种自杀行为。

而农林水产省的政策助长了这一势头，令情况更加复杂。

为了振兴农林渔业，农林水产省鼓励农户搞多样化经营，即发展"第六产业"。"不仅生产农林渔产品，而且要利用原材料生产销售加工食品，鼓励利用当地资源搞观光农业等服务业，积极涉足第二、第三产业。"

方向没有错，这正是新型农业前进的方向。但是，真正意义上的"第六产业"是什么样子还不清晰。

因此，我们需要知道，由于政府的鼓励和投资，农民没有经过认真思考就随意生产加工商品（第六产业），结果导致了很多失败案例。

掌握"兰彻斯特定律"

在开展新业务时，你应该了解"兰彻斯特定律"。

它最初是从第一次世界大战的战争实践中得出的理论，即"强者应该投入大量管理资源来主宰市场，而弱者则应实施差异化战略，在强者不太关注的利基市场或细分市场中建立自己的品牌，否则无法取胜"。

对照兰彻斯特定律，很明显让自创产品与可果美和伊藤园同台竞技，必定落败。

商业的王道是战无不胜。

在广阔的海洋中，小鱼战胜不了大鱼的下场是沦为食物。这是很难解决的问题。与其这样，还不如就保持小身段，找一个除了自己没有其他竞争对手的池塘。在这里你一定能生存下来。

住在城市的人可能不知道，去地方的一家拉面店，你会发现店内的生意相当火爆。那当然了，因为该地区只有一家拉面店。同样，只有开发出"只此一家，别无分店"的产品，才能在市场上一决胜负。

现在，利用互联网是可能实现的。

例如，限量销售 30 份精工细作的产品。在互联网的世界中，只要有人认为值得，即便稍微贵一点，他们也会下单购买。

143

　　我曾经把当地的传统蔬菜紫茄子卖给过代官山的一家餐馆。店里的一位著名厨师很喜欢这种茄子，以 300 日元一个的价钱买了下来。通常，一个茄子的价钱只有 30 日元。"山下先生，你确定一个要卖 300 日元吗？"虽然他觉得有些贵，但还是付款买了。他在我卖的紫茄子上看到了高于 300 日元的价值。

　　以这样的方式勤勤恳恳地打磨商品价值并努力将这种价值传递给别人，这种做法也是可取的。但是，如果没经过努力，从一开始就想与大公司商品同台竞技，是行不通的。

　　虽然话题有点扯远了，但农业界今后将越来越需要有咨询顾问来提出这种逆耳忠言和合理的建议。

　　再重申一下，我希望那些在农企已经一定程度上获得了经理能力的人，"再加把劲，成为一名农业咨询顾问"。有了农业咨询顾问的存在，才意味着真正的新型农业时代拉开了序幕。

具备 ICT 和 IoT 基础知识

"山下先生，未来的农商要用 ICT，对吗？"

"是 IoT 时代，不是吗？"

这是一个三天就被问到一次的热门问题。我给的答复是："千真万确！"今后，没有信息通信技术（ICT）和物联网（IoT），农商就无从谈起。

现在，日本政府正大力推行"工作方式改革"，其背后的原因是劳动力的极度短缺。

在农业领域，眼下的主要问题是如何确保实际从事农业劳动的人员数量。解决这个问题的唯一方法是推行 ICT 和 IoT。

有些人说："日本农业用不上 ICT 和 IoT。"

的确，如果是传统的个体农业，和这些是没有多大关系的。以前只要做好"自助式"农业就好。

然而，今后将是与第三方合作，组队开展农商贸易的时代。在这种情况下，与普通公司一样进行"信息共享"就变得至关重要了。

这是因为，在实施组织化农业、规模化农业时，信息的单一管理是行不通的。

以前，农户只需要管理好自己目力所及的信息即可，但如今这种做法已无法适应新型农业的需求。更何况，当与拖拉机运转或客户订单收发联动时，ICT 和 IoT 知识就变得至关重要了。至少，你应该掌握一些基础知识。

专业人士使命的提升

新型农商的最终模式之一是农业工作的自动化和无人化。为了实现这一点，我们希望更多的机械师和工程师能进入农业领域。

事实上，拖拉机的自动驾驶据说即将实际应用，无人机也将被更广泛地利用。

例如，现在巡视农场时一个地方就需要花费一小时，那么巡视 10 个地方则需要 10 小时。如果换成无人机，将在 2~3 小时内完成。这将大大降低成本。毕竟，每年雇用员工需要花 400 万日元，以后只需要付出一台无人机的维护费和管理费。

在此背景下，一些大公司也设立了农业问题解决部门，积极研发农业专用机械。然而，农业问题解决部门的负责人们却往往会判断失误。

"去问问农民在务农时有什么困难。"接到上司的命令后，负责人干劲十足，真心实意地想帮助农民，于是跑去问农民爷爷。

"有什么困难吗？"

"提重物很辛苦。"

听到这个回答，负责人回去后就向公司建议："制作辅助重物装卸的穿戴式电动辅助服吧。"然后，他带着做好的样品再次拜访农民。

"我们制作了一套可穿戴式电动辅助服。老爷爷，您看怎么样？"

"这个用起来很省力气。价格是多少呀？"

"80 万日元。"

"那我可买不起呀。"

无论如何努力研发，结果却没能解决任何问题。这就是现状。

当然，对于老年人来说，提重物是很辛苦的。可穿戴式电动辅助服是通过内置传感器检测人体运动，再随着身体的运动启动腰部的两个电机，以减轻腰部的负担。这方面的研发已经在进行了，如果能升级应用于农业劳动，应该会有一定的销量。然而，农民是否真的需要它，却并不一定。

这种偏差，往往发生在新的创新出现时。

例如，汽车现在已成为人们生活中不可或缺的一部分，但亨利·福特在 20 世纪初创办福特公司时，人们想要的并不是汽车，而是"更快的马车"。大众原本并不知道汽车是什么东西，这样的反应也是理所当然的。然而福特却认为，如果汽车能够实现大规模生产并以低廉的价格出售，一定会成功。

换句话说，与消费者交谈是有好处的，但仅靠交谈我们是做不出他们真正需要的东西的，即他们宁愿花钱也想购买的东西。

上述穿戴式电动辅助服就是农用转化失败的典型例子。首先，农业领域内的省力化已取得了很大进步。随着耕作机和拖拉机的出现，原本用锄 3 天才能翻耕完的田地现在 3 小时就能耕完。

这样的农业机械化始于 1935 年前后。现在看看洋马公司和久保田公司的产品介绍，农业机械应有尽有。只要肯花钱，所有的工作都能用机器做。

例如水稻种植，一次都不用接触泥泞，机器就能独自完成。

在这种情况下，仅仅因为听农民爷爷说了一些感想，就去开发可穿戴式电动辅助服，是不会有大量需求的（但在其他行业，如物流公司或护理服务领域，会派上很大用场）。

那么，纵观整个农业的未来，什么才是必需品呢？答案是农业劳动的自动化。

现在，自动化是最赚钱的。日本政府还专门制定了政策，力图实现拖拉机等农业机械耕种农田的自动驾驶。

这种自动化进程将大大改变日本农业的现状。

过去红薯是由人工收割的。后来，诞生了一台划时代的红薯挖掘机，原本需要花 10 天才完成的工作，现在只需要 3 小时。工作当然变轻松了，但故事并没有就此结束。

如此一来，红薯挖掘机就可以完成 30 倍的工作量，从而扩大农田、增加人手、创收增产。于是，红薯的市场价格逐渐下降，即技术的发展导致商品价格逐渐降低。

结果，即使工作量增加了 30 倍，农户的收入并没有相应增加，反而走入了困境。

但是，随着日本农业走向规模化并进入一个大型企业迅速淘汰小作坊的时代，日本农业要想生存下去必然要走向自动化，这是不可避免的。高新技术也需要与之相匹配。

换句话说，农业设备制造商必须朝着规模化、合理化和系统化的方向进行研发和策划。指出这些严酷的现实，也将成为农业咨询顾问的重要使命。

向荷兰学习现代农商模式

众所周知，荷兰是一个先进的农业国家，这也是因为运用了 ICT 和 IoT 技术。

荷兰的国土面积（3.7 万平方公里）仅为日本国土面积（37.79 万平方公里）的十分之一左右，但由于土地平坦，耕地面积约占国土的四分之一，有 184 万公顷，而日本的耕地面积只有 445 万公顷。

此外，农业人口占总人口的比例，日本为 3.7%（约 290 万人），荷兰为 2.8%（约 15 万人）。日本人均耕地面积为 2.8 公顷，荷兰为 25.9 公顷。

荷兰的农业出口额为 866 亿美元，仅次于美国的 1449 亿美元。这相当于日本农业出口额（33 亿美元）的 26 倍（2012 年统计数据）。此外，据说农业就业人口的平均产值是日本的 14 倍。

荷兰农业的一个特点是，专注于生产本国的优势产品。

例如，聚集于西红柿、红辣椒和黄瓜等设施园艺。这被认为是荷兰作为出口贸易国发展过程中培育起来的农业模式。在 17 世纪初的欧洲，荷兰种植的郁金香非常流行，随着球茎价格的上涨，甚至出现了"郁金香泡沫"。

荷兰有做农商的基础，因为它有着相关历史经验。在 20 世纪 60 年代，荷兰就在农业设施上配备了空调，开始了真正的设施园艺。政府主导的设施园艺园区的开发、扶植补贴等也开始付诸实施，还引进了环境控制系统（使温室温度、湿度和二氧化碳浓度等栽培环境达到最优化的系统）。

虽说如此，但那时还有很多如日本一样保持家庭式经营的小农户，他们主要给当地市场供货。

情况发生重大改变是从20世纪90年代初，欧盟市场一体化开始的。其结果是，零售业集中到了10家大型企业手中，农户开始向大型零售店和大型批发商直接供货。

进入21世纪，农业法人为主体的农业经营越来越趋于大型化、高度化。这是为了维持零售业的稳定和大规模的供应需求。

目前，荷兰设施园艺农户所拥有的平均耕地面积（不包括露地种植、牧场等）约为日本的10倍，约为3公顷。经营着10公顷以上的温室的大型农业法人相继出现。

这些大型农业法人通过利用装有环境控制系统的设施栽培，以及包装和运输等环节的自动化大幅降低了劳动力成本。小农户实在无法与之较量，结果就逐渐消失了。

当然，日本政府不会如此毫不留情地执行农业政策改革。而是在保存已有农户的同时，向着发展新农商的方向推进。

然而，由于现有农业从业者的急速老龄化，毫无疑问，新的从业者将在十年内替代老一辈。日本的农政核心也将由新的从业者替代。

现在，日本政府所说的"继续保持农业法人5万家规模"，真正意图就在于此。

就此，我想解释的另一点是，农业咨询顾问在荷兰农业中的重要性。

农业咨询顾问将成为热门职业

在荷兰，旧农业部被并入经济部，农业被归为产业之一。比起保护农户，荷兰政府更加重视农业的研究开发，22%的农业预算被投入了研究和开发领域。

其核心是合并了农业大学和公共农业试验场而设立的，以瓦格宁根大学为中心的瓦格宁根大学与研究中心这一组织。

荷兰的大规模农业

该研究中心与民间企业合作进行高级研发,同时培养管理人才(农业咨询顾问)。当农业法人引进研究中心开发的技术时,名为"绿色Q"的民营试验场会派遣人员提供有偿服务;当农业法人引进研究中心的农业咨询顾问时,名为"DLV 工厂"的民营农业技术咨询公司同样也会有偿派遣人员进行协助。

也就是说,需要跟随国际环境变化对本国农业进行变革时,荷兰会通过将税金用在提高指导者水平而不是农民水平的方式来提升农业的质量。

顺便说一下,在荷兰农业咨询顾问可是一个热门职业。

当我去荷兰时,只不过说了一句"我是农业咨询顾问",就受到了 VIP 级的优待:"哇!您是日本的农业咨询顾问哪。"

越了解这种情况,我就越希望能有更多的人来做农业咨询顾问。

2017 年秋天,我去参观了荷兰农业。荷兰的大型农场之所以能够顺利运作,是因为有来自波兰和捷克的季节性工人。

他们中的一些人不懂荷兰语,为了便于管理,每人都持有 IC 芯片。它可以管理每个工人何时、何地、干了哪些工作。收割好的农作物也以集装箱为单位用电脑进行管理。

能吸引多少外国劳动者进入日本,是今后日本将面临的难题。但毋庸置疑的是,日本农业今后将进一步推进规模化和 IT 化。

作者参观瓦格宁根大学与研究中心时的照片

农业与经济联动的启示

前文中我们提到过，在新型农业时代会诞生一批如销售代理和促销等新型商业形式。除此之外，与农业相关联的新业务也将粉墨登场。

例如，可能会诞生一种名为"农业时尚"的新门类。

年长的农民一般会在农协和当地超市购买工作服。即便每个人都穿着同样的工作服，他们也觉得无所谓。因为在他们的成长经历中，工作服人人相同，这是理所当然的。

但是，随着越来越多的年轻农民和其他行业的人员纷纷进入农业界，情况就发生了改变。他们想穿上更加时尚的工作装。

此时如果有人推出了一款功能性好、透气性好、轻量结实的农用时装品牌，那必定大受欢迎。

有人可能会说："但是，从事农业工作的人正在不断高龄化，肯定卖不掉！"然而，正是因为关心时尚的人还不多，才有好机会。

或者，拖拉机的颜色现在只有红色和蓝色。那你可以尝试去卖黄色的拖拉机呀。又或者，把它做成 7 种颜色的系列产品，做成以个性化定制的花鸟图案等。这样一来，灰色的农业世界将瞬间变得丰富多彩。

这么一想，农业专用的手机、鞋、饮料也有了存在的可能性。

例如，大正制药的主打产品"力保健"就开发出了儿童款的"力保健 KIDS"，虽然客户群体是儿童，但不少女性消费者也会购买儿童款。也就是说，它挖掘出了顾客的潜在需求。

同样，农业时尚产品也可以卖给农民以外的人。例如，身在城市却乐于打理家庭花园的人数正在逐渐增加。针对这些人，在专用的锄头和铁锹上设计多彩的图案，一定会大受欢迎。

在命名上最好也下功夫。例如，给插秧机命名为"早苗"，给播种机命名为"权兵卫"，或者给施肥器命名为"播撒君"。这些都让人觉得平平无奇。"命名能不能更时尚一点？"有这种想法的应该不止我一个人吧。

毕竟，命名必须让 80 岁的老爷爷老奶奶也觉得亲切，这种概念才能成就商品开发。

如果有资金的话，我想创立一个新品牌，开发一些时尚的欧式风格农业工作服和农用工具。像宜家一样大胆地使用鲜艳配色。我想那一定会很有趣。

掌握咨询顾问能力

至此，我写了很多做农业咨询顾问的乐趣。事实上，掌握咨询能力并非难事。

假设一个商人出差去洽谈业务。在多数情况下，他回来后必须写一份报告。因为需要向社长和部长报告洽谈情况，所以在与商务伙伴交谈时要做到心中有数，有意识地记录交谈内容。换句话说，每个人都应该养成随时能提交一份报告的工作习惯。

入职农企后也是如此，你要心中时刻想着，需要面对看不见的某人进行报告，以督促自己细致地观察和学习农业。

其实，许多从商业界进入农业界的人之所以能以 10~20 年的速度获得成功，其中一个原因就是细致观察和学习。在商业界中有经验的人比没有经验的人能够成长得更快。

为了生存，我们要贪婪地学习所有知识，这当然是最大的动力。但更重要的是，我们应该在商业世界中养成"自己能透彻地理解并加以说明"的习惯。

此外，我每个月都会与新进入农业的员工举行"未来农业会议"。在这个过程中我发现了一个现象，那就是口头演讲能力非常重要。

未来农业会议原本是为了给那些进入了农业市场却与传统

农民的价值观不合，或者被迫在传统农民的做法上让步的年轻人提供建议而举办的。

对于那些烦恼于"我越来越像个农民了"的人来说，他们需要一个让自己重新觉醒的地方。"你不是为了成为农民才来干农业的吧，是为了挑战新型农业经济才来的，不是吗？"

在会议上，我让每个人轮流发言："不能光我一个人讲，大家都来说一说。"

具体来说，每个月让一个人根据自己的经验来演示"自己向往的农业"，对此大家共同发表意见。

于是，我们就了解到这样一个事实，那就是零基础的他们在短时间内就加深了对农业理解。他们比当地的农民更了解农业的现状，也能深入地思考今后应该做什么。

这种经验反复积累后，他们能够亲眼见证自己的表达能力越来越好。

最初在一般公司工作，学习了技术，掌握了向领导汇报的技能和统领下属的技能，又在掌握了诸多技术和技能之时，加深了对农业的理解，可谓如虎添翼。

他们中已经有多人拥有了做农业咨询顾问的能力。

而我自己也从他们身上学到了很多。我有 20 年的务农经验和 10 年的咨询顾问经历，但是由于代际差异，很多时候我感觉自己的意思无法很好地传达给年轻人。

然而，如果让年轻的他们去说明，就简单易懂多了。也许有一部分原因是我知道的内容太多了吧。例如开始做农业一年的年轻人，在听见刚来 3 个月的年轻人的话后，会说："嗯，我明白！我刚开始时也是一样的！"这样能更好地沟通交流。

因此，我会邀请他们"一起做咨询工作吧"，但他们却往往会觉得"我做农业才刚一年"而畏手畏脚。

的确，当我在 42 岁开始独立做咨询时，也对向五六十岁的农民介绍"我是做农业咨询顾问的"有过抵触。

但是想想看，我只需要将学到的知识和要领教给在我之后进入农业的后辈即可。而且，有时我也能跟年轻人学到不少知识。只要继续把这些知识传承下去就好。

从事专业技术资格、独立创业事务的专职咨询顾问松尾明仁博士曾说过这样一句话：

"驾驶学校的老师都是 F1 赛车手吗？不是。只是比你早一点拿到驾驶证的人站在了讲台上而已。因此，你们每个人拥有的技能都将对下一个开始的人有用。传承知识是咨询顾问应该负起的责任。"

我认为，特别是在新农商刚刚起步之时，咨询顾问的作用很大。随着管制逐渐放开，农业的主战场将转移到商业舞台，"我只知道农业"已经跟不上时代的需求了。既不能缺货，商品品质也必须统一，还要严守交货日期。

承诺的钱必须支付，这是商业规矩。而在这条铁规中又必须支持农民。

现在，即便没有我的倡议，新农商也已经在各地开花了。而且，国家也在努力推动。只不过，如果国家说"请大家去做新农商吧"，就意味着否认传统农业，所以无法公开言明罢了。

对此，2015 年至 2017 年担任过自民党农林水产部长的众议院议员小泉进次郎曾有过相关表态。

他说："农业不是衰退产业，而是成长型产业，但迄今为止的发展路线上却没有农业的未来。"他还说："虽然国家反复提倡增加农民人数，但仅仅增加农民人数是毫无意义的。"

也就是说，日本不仅应该保护传统农民，还应该培养更多的现代农业经营者。

官员们已经意识到这种必要性，只不过担心说出口后会引发地方城市和农村"尊王攘夷派"的抗议而三缄其口罢了。

日本农业应瞄准海外市场

到 2025 年，团块世代①将满 75 岁。未来我们面临的将是人口不断减少的局面。

现在，75 岁左右的团块世代约有 4000 万人，他们虽然是消费群体，但已不再像年轻时那样能吃很多，所以对食物的需求自然会下降。

在这种情况下，可以肯定的是，正如我前文所写的那样，"传统农业从业者和新型农业从业者将进行世代更迭"。随着农业规模化和集约化程度的提高，农场主会相应地减少，取而代之成为主角的将是大型农企。时代进步了，无论是白菜、萝卜还是胡萝卜，当你翻过产品包装背面时，都能找到"制造商：××公司"的标志。也许在不久的将来，"过去，农业是由私人经营的"会成为人们口头的一段历史。

但到 2030 年，日本人口数量将降至 1 亿。如果进入一个人口比现在锐减 2000 万的时代，即便是大规模农企也会陷入困境。

而亚洲正在形成一个大商圈。例如，印度和东南亚国家人口正在爆发式增长。或者不仅是亚洲，尼日利亚和南非也是如

---

① 第二次世界大战后日本出现的第一次婴儿潮人口。

此。那么我们是否可以考虑，生产这些国家的人们需要的农作物并出口供应给他们呢？

为此，必须使 TPP（跨太平洋伙伴关系关系协定）成功，以扩大自由贸易的框架。

以往，日本农业界对 TPP 一直持反对态度，认为"如果更便宜的农产品进入日本市场，我们就丢掉饭碗了"。

然而，情况发生了变化。在新型农业中，农业从业者本身就是卖主。过去他们是根据自己方便来种植并销售农作物，但现在不同，如何生产消费者需要的东西，如何促使消费者购买，才是决定胜负的关键。这时，如果存在关税壁垒，只会更麻烦。

现在，日本的农产品仍以国内销售为主，但迟早会产能过剩。而在其他国家，随着人口增长，农产品供应不足。很明显，我们必须做好准备，将无关税的日本制造农产品销往国外。

那些曾经反对 TPP 的人也越来越认清了现实。此外，所谓的"农林族"议员在政界中也逐渐萎缩。农林水产大臣也暂时没有从农林水产省的官员中产生。在撰写本书时，农林水产大臣斋藤健是前通产省官员，而经济产业省厅长被选任成为农林水产省副大臣。

原本农业也是一种产业，我甚至认为日本可以成立农商工产业省。或者可以推进政策改革，把重视农业生产和栽培技术的农业生产厅与推进新农商发展的农业产业厅分离。

在这种情况下，我认为让传统农户"学会营销"和"自己设计商业模式"是很困难的。应该让传统农户像以往一样做传统农业，与此同时，让新进入农业界的人有机会开展新型农业。

从这个意义上说，我认为让许多商务人士进入农业界并不断创新是很重要的。

在重视传统的人看来，"异类"的加入会让他们感到违和，但这种冲突总会在时代变化时发生。

在明治维新时期和大正时代，也有很多人不喜欢穿着来自英国的西式服装，他们保留了月代头①和短腰刀，也是这个原因。

然而，当原敬内阁推行平民政治后，"士、农、工、商"四民平等终于成为常态，月代头则成了人们的笑谈。

随着时代的进步，终有一天，我们回忆过去时会不禁感慨："现在的农作物都是公司生产的，但听说以前是农民辛苦劳作才能种出来呢。"

---

① 传统日本成年男性的发型。

不可避免的农业法人"并购战时代"

在不久的未来，农业法人之间将不可避免地发生激烈的并购战。事实上，现在已经展露出了一些端倪。

从农林水产省统计的数据可以看出，截至 2017 年底，进入农业领域的一般法人有 3030 个，自 2009 年《农地法》修订后的 7 年时间增加了 6 倍多。

此外，从业务形态、经营农作物类型和租用农地面积规模三个维度来看，详细情况如下页图表所示（引自农林水产省网站，截至 2017 年底）。

在这些新进入农业的法人中，实现急速增长的是那些进行了多次并购的公司。今后，这种动向将不断加快。

此外，如前所述，随着海外扩张的推进，不仅是国内，它们与外国资本间的竞争也将在所难免。

从这个意义上说，日本农业正在迎来司马辽太郎的历史小说《坂上之云》那样的世界。

经历了明治维新后，日本在向欧美强国学习各种知识的同时，也成长为一个现代化国家。

截至2017年12月底，利用耕地经营农业的一般法人有3030个。2009年《农地法》修订后，日本全面放宽了农地租赁方式，实行准入自由化，法人增加速度约是修订前的5倍。

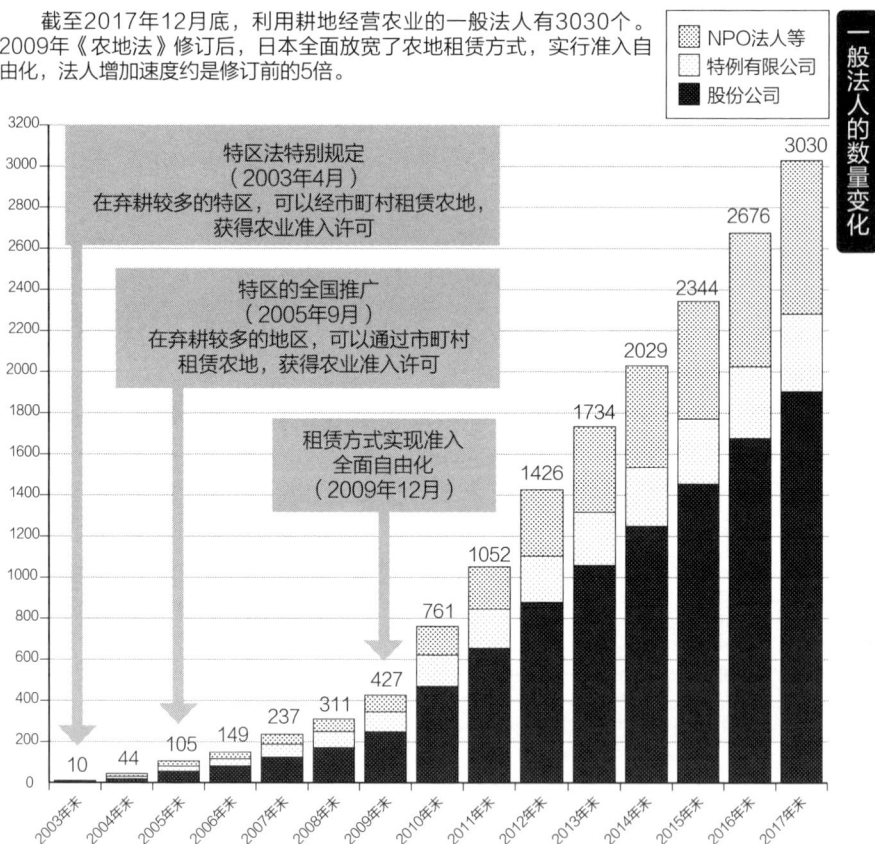

一般法人的数量变化

图例：
- NPO法人等
- 特例有限公司
- 股份公司

特区法特别规定
（2003年4月）
在弃耕较多的特区，可以经市町村租赁农地，获得农业准入许可

特区的全国推广
（2005年9月）
在弃耕较多的地区，可以通过市町村租赁农地，获得农业准入许可

租赁方式实现准入全面自由化
（2009年12月）

数据：10, 44, 105, 149, 237, 311, 427, 761, 1052, 1426, 1734, 2029, 2344, 2676, 3030

年份：2003年末 至 2017年末

* 根据结构改革特区制度，在闲置农地规模达到一定程度时，与市町村签订协议的情况下，允许除农业生产法人（当时名称）以外的法人以租赁耕地的形式从事农业，如违反协议，将解除农业用地的贷款合同。（《农地法》特别规定）
资料来源：日本农林水产省经营局调查数据（截至2017年12月末）
农林水产省网站"一般法人进入农业的动态"

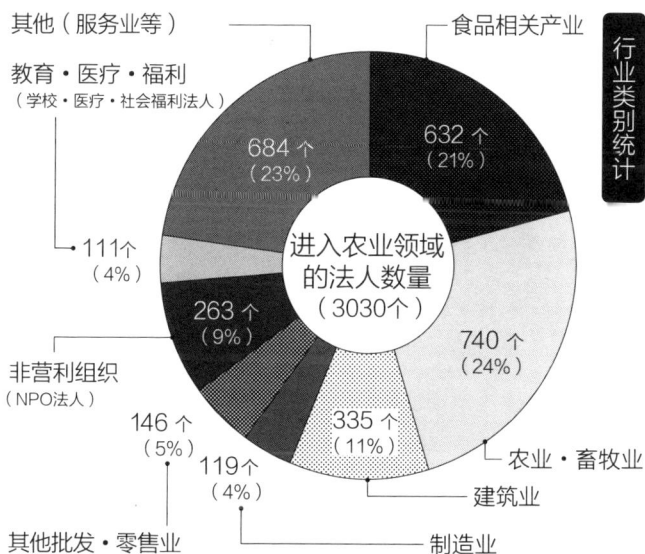

其他（服务业等）

教育·医疗·福利
（学校·医疗·社会福利法人）

684 个
（23%）

111个
（4%）

263 个
（9%）

非营利组织
（NPO法人）

146 个
（5%）

119 个
（4%）

其他批发·零售业

制造业

食品相关产业

632 个
（21%）

行业类别统计

进入农业领域
的法人数量
（3030个）

740 个
（24%）

农业·畜牧业

335 个
（11%）

建筑业

食品相关产业▶632个法人（21%）

农业·畜牧业▶740个法人（24%）

建筑业▶335个法人（11%）

制造业▶119个法人（4%）

其他批发·零售业▶146个法人（5%）

非营利组织（NPO法人）▶263个法人（9%）

教育·医疗·福利（学校·医疗·社会福利法人）▶111个法人（4%）

其他（服务业等）▶684个法人（23%）

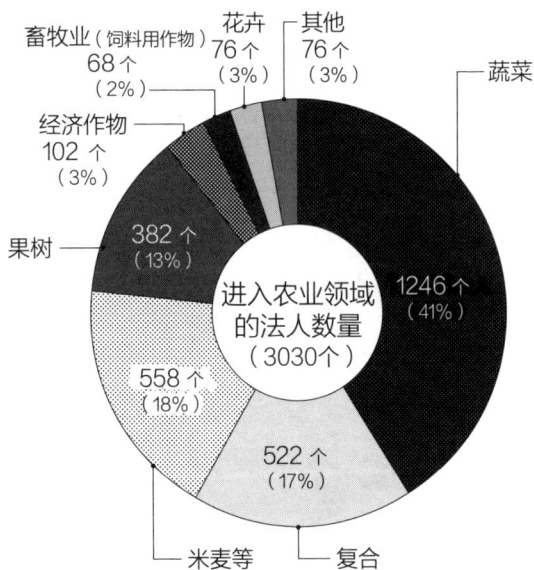

蔬菜▶1246个法人（41%）

复合▶522个法人（17%）

米麦等▶558个法人（18%）

果树▶382个法人（13%）

经济作物▶102个法人（3%）

畜牧业（饲料用作物）▶68个法人（2%）

花卉▶76个法人（3%）

其他▶76个法人（3%）

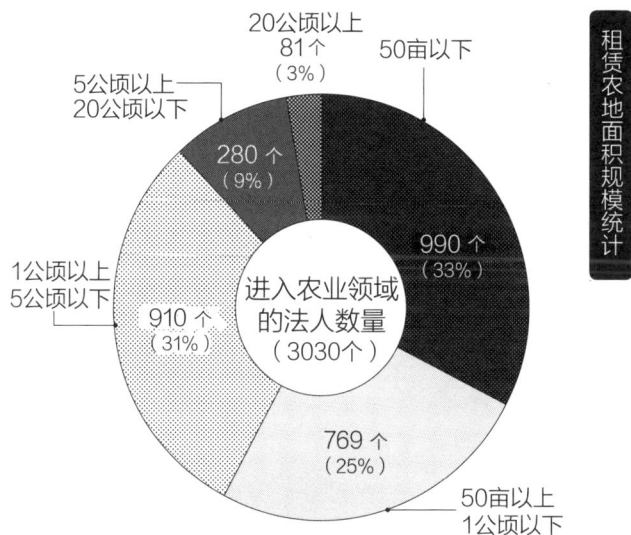

| 一般法人租赁农地面积总计 | 8927公顷 |
| 每个法人平均租赁农地面积 | 2.9公顷 |

50亩以下▶990个法人（33%）

50亩以上1公顷以下▶769个法人（25%）

1公顷以上5公顷以下▶910个法人（31%）

5公顷以上20公顷以下▶280个法人（9%）

20公顷以上▶81个法人（3%）

农林水产省网站"一般法人的业务形态、类别、经营的农作物类别、农地面积规模类别详情"

在《坂上之云》中，生于旧伊予国（爱知县）松山，后来成为日本陆军骑兵部队创始人的秋山好古，和活跃在海军部队的弟弟秋山真之，以及真之的挚友——俳句诗人正冈子规，胸怀大志的三人朝着共同的目标"坂上之云"而努力奋斗。请你也像他们一样在新农商的世界里朝着目标努力奋进吧。

后 记

　　我出生在熊本县的农村，是家中长子。没想到以前只干过农业的我现在却执笔写出了一本商务书，实在让人难以置信。

　　我们无法预知人生中会发生什么。

　　现在正阅读这本书的人中，也许在不久的将来，可能会有人参与到农商中来。人生中总会发生一些始料未及的事情。

　　在网络刚开始普及时，人们认为电视、收音机、报纸都会逐渐消失。原本只会单方向发送信息的传媒界出现了全新的信息通信模式，实现了信息的交互传播。

　　当时，由于发生了很多超出人们常识的事情，导致信息混乱，甚至出现了所谓的"2000 年问题"恐慌。人们担心"1999年 12 月 31 日 24 点，会不会发生某种灾难"。

　　然而，现在情况是什么样的呢？网络成为人们生活中的标配，连三岁小孩都会玩手机，老爷爷老奶奶也能轻松网购。

　　我在这本书中写的"新农商"也是如此。

　　我只是描绘了一个未来蓝图："区别于传统农业之外，一种新型农业经营模式，即本着'客户'意识的组织型农业即将出现。"

　　这绝不是可怕的灾难，无须担心小规模农业将消失、农协将消失等。

只不过，我想请大家回忆一下，当互联网普及后，IT 泡沫也随之出现了。当时许多挑战新 IT 世界的人获得了巨大的利润，我想这一点大家都没忘记。

当然，在 IT 领域失败的人也不少。他们挑战的是其他人从未做过的事情，必然会有人失败。

然而，在之后不到 20 年的时间里，全球各地离开了 IT 技术根本无法谈及国内经济和国际经济。

日本农业界也正在发生同样的事情。

日本农业界掀起了一场与 IT 泡沫相媲美的浪潮。全国各地的农民都面临着挑战，试图乘风破浪。我相信，在这些发展动向中将诞生一个能支撑起日本增长的商业模式。

我希望这本书能让你了解当前农业界正在发生的事情，希望你抓住机会，迎来人生转机。

我由衷地感谢给予我农业和经济指导的诸位友人。

领我走入农业的父母、家乡的诸位农户邻居，还有教会我如何区分农和业的"株式会社果实堂"的井出刚社长，以及全国范围内正在实践农商经济的农企经营者们。

多亏了你们，我才学习到了诸多宝贵经验，得以完成此书。

最后，我想向帮我创造了出版机会的松尾昭仁先生，欣然接受我采访的农业成功者们，和从策划到出版给予我诸多帮助和指导的"株式会社素晴舍"的诸位，由衷地表示感谢。

图字：01-2021-0822 号

KASEGERU！SHIN NOGYO BUSINESS NO HAJIMEKATA by Hiroyuki Yamashita

Copyright © Hiroyuki Yamashita 2018

Project Cooperation：Akihito Matsuo（Next Service）

Produce：Takehiko Nakano（Book Linkage）

All rights reserved.

Original Japanese edition published by Subarusya Corporation.

This Simplified Chinese language edition published by arrangement with Subarusya Corporation，Tokyo in care of Tuttle-Mori Agency，Inc.，Tokyo through Hanhe International（HK）Co.，Ltd.

中文简体字版专有权属东方出版社

图书在版编目（CIP）数据

新农业创业法：如何用产业思维做农业／（日）山下弘幸 著；张思瑶 译. —北京：东方出版社，2023.1

ISBN 978-7-5207-3006-8

Ⅰ.①新… Ⅱ.①山… ②张… Ⅲ.①农业产业—研究—世界 Ⅳ.①F31

中国版本图书馆 CIP 数据核字（2022）第 183256 号

新农业创业法：如何用产业思维做农业

（XIN NONGYE CHUANGYE FA：RUHE YONG CHANYE SIWEI ZUO NONGYE）

作　　者：[日] 山下弘幸
译　　者：张思瑶
责任编辑：申　浩
出　　版：东方出版社
发　　行：人民东方出版传媒有限公司
地　　址：北京市东城区朝阳门内大街 166 号
邮　　编：100010
印　　刷：北京联兴盛业印刷股份有限公司
版　　次：2023 年 1 月第 1 版
印　　次：2023 年 1 月第 1 次印刷
开　　本：880 毫米×1230 毫米　1/32
印　　张：6
字　　数：110 千字
书　　号：ISBN 978-7-5207-3006-8
定　　价：49.00 元
发行电话：(010) 85924663　85924644　85924641

上架建议：农业经济

ISBN 978-7-5207-3006-8

定价：49.00 元